MANUEL

DE

DROIT ADMINISTRATIF.

IMPRIMERIE D'HIPPOLYTE TILLIARD,
RUE DE LA HARPE, N. 83.

MANUEL

DE

DROIT ADMINISTRATIF,

PAR UN AVOCAT

à la Cour Royale de Paris.

ANCIEN ÉLÈVE DE M. DE GÉRANDO.

2e Édition.

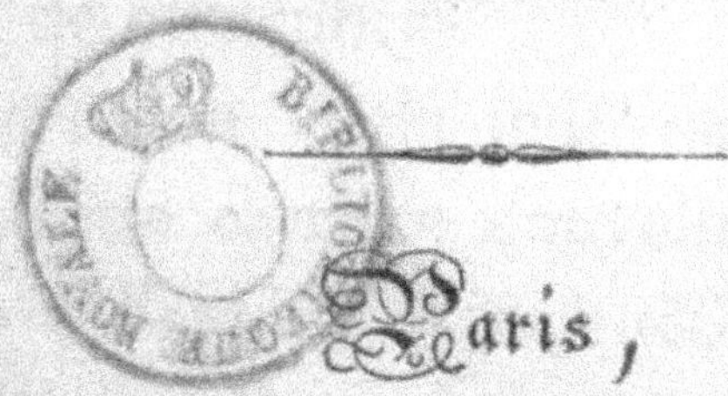

Paris,

CHEZ FANJAT AINÉ, LIBRAIRE.

RUE CHRISTINE, Nº 3.

1831.

PRÉFACE

Une ordonnance royale parut au mois de juin 1828, et rétablit à l'école de Droit de Paris, le cours de droit administratif. L'article 3 de cette ordonnance soumit tous les étudiants à suivre ce cours pendant la troisième année de leurs études. Il fut ouvert au mois de novembre.

Alors l'on vit la jeunesse s'élancer dans cette carrière nouvellement ouverte à l'avidité d'instruction qui la caractérise. Dans cette même salle, où les voix d'éloquents professeurs lui étaient familières, elle accourut encore avec empressement écouter des leçons plus arides et bien moins attrayantes. Mais l'immense savoir et les cheveux blanchis du professeur témoignaient de l'importance de la science qu'il venait enseigner ; mais les matières qu'il traitait touchaient aux personnes, aux biens de tous, aux intérêts de tous les jours. La difficulté comme la sécheresse de l'étude, disparurent devant le désir de connaître ses devoirs, et la nécessité de s'assurer de ses droits vis-à-vis d'une administration qui, constituée par sa nature, par les lois, pour veiller aux droits de tous, semble souvent n'employer que dans un intérêt privé et spécial, la vaste portion d'autorité qui lui est confiée.

Toutefois un examen étant, dans les formes universitaires, la sanction indispensable d'un cours obligé ; les réglements de la faculté soumirent plus tard, tous les jeunes gens qui se présenteraient au second examen de licence, à répondre aux questions de droit administratif qui leur seraient adressées par le professeur chargé de cette branche de l'enseignement.

Un cours est bien quelque chose; mais la solennité et le bruit d'un cours s'accommodent mal avec le recueillement et la tranquillité nécessaires à un travail véritable, je veux dire à un travail dans lequel on s'approprie de nouvelles idées, par lequel on acquiert pour retenir. Dans un cours, tout peut distraire, la circonstance la plus imprévue peut vous empêcher de saisir un mot, de comprendre une phrase ; à part ces inconvénients, tout vous frappe trop rapidement, trop instan-

tanément, et l'entendement se fatigue
de la multiplicité des propositions. Bien
plus, chaque entendement, n'étant pas
également vif, également fort, toujours
également disposé, tout ce qui est dit
peut, somme faite, être compris, mais
ne l'est pas par tous. En définitive et
tous les cours terminés, je pose en fait
que le plus laborieux, le plus attentif
désire et cherche un livre qui résume,
explique, non-seulement ce qui par la
force même des choses lui est échappé
en écoutant le débit rapide d'un professeur maître de sa matière, mais qui,
réveillant encore en lui le souvenir de
la richesse déposée dans son cerveau,
fasse surgir en quelques jours toutes
les connaissances qu'il a acquises en
plusieurs mois, pour aller en faire pa-
rade pendant un quart d'heure. Il faut

que les leçons du cours soient déposées dans un livre, il faut un livre pour chaque examen.

Cependant il n'y avait pas, à proprement parler, de livre vraiment fait pour être mis entre les mains de jeunes gens novices dans la science, adeptes d'une année, et qui devaient néanmoins paraître pour être examinés. Parmi les auteurs qui avaient jusqu'à ce jour écrit sur le droit administratif, les uns, savants jurisconsultes, s'étaient jetés dans les profondeurs de la science, où les jeunes yeux des novices ne pouvaient presque rien distinguer; d'autres avaient traité la matière en publicistes et sous un point de vue politique; d'autres encore avaient choisi des portions distinctes de ce droit, et composé des traités spéciaux; il exis-

*

tait enfin quelques recueils de lois administratives que l'intention des auteurs
avait été de coordonner ; mais rien qui
fût élémentaire, rien qui pût satisfaire
à un besoin généralement éprouvé.

M. de Gérando promit ce livre dé-
siré par tous les jeunes gens ; mais au
lieu de l'ouvrage qu'ils attendaient
tous, il fit paraître *les Institutes du
droit administratif en France*, œuvre
grande et savante qui résumant tout ce
qui jusqu'alors avait été dit, pose les
principes de chaque matière, réunit et
met en ordre toutes les lois administratives connues, et organise un véritable,
mais immense code administratif. Et
vraiment, s'il n'eût pas été tout-à-fait
indigne du savant professeur de donner
à ses élèves un livre élémentaire re-
produisant par des principes larges et

sûrs le cours qu'il avait fait, convenons-en, une production de ce genre n'eût pas rempli le désir d'un homme qui devait mettre au jour toute sa science dans une circonstance aussi opportune; ce n'eut été qu'un élan comprimé d'une ame qui veut dire tout ce qu'elle a à dire.

Reconnaissons-le cependant, le volumineux ouvrage de M. De Gérando n'est pas ce qu'il faut aux jeunes gens qui se préparent à subir l'examen auquel on a joint la nouvelle matière du droit administratif. Déjà, dans le court espace de dix mois, les réglements universitaires les chargent de deux examens et d'une thèse, tellement qu'ils se trouvent dans la nécessité ou de ne rien étudier du droit administratif, parce que ce n'est pas en feuilletant au

hasard quatre gros volumes que l'on
étudie, ou, s'ils veulent vraiment étudier cette partie de leur examen, de
renvoyer une partie de leur tâche à
une quatrième année ; ce qui ne cadre
pas toujours avec leurs projets, avec
leurs facultés pécuniaires.

Pénétré de cette vérité, et tout en
remerciant M. De Gérando de ses travaux, où la science se déroule avec tant
de méthode, sans vouloir toucher en
rien à cette belle production, réper-
toire à elle seule de toutes les servitudes de l'homme en société, comme de
tous ses droits ; je me suis occupé de
composer un petit manuel de droit administratif, rédigé dans la forme et
dans le but de ceux qui sont connus
depuis long-temps et se sont répandus
avec utilité.

C'est un tableau rapide, raisonné quelquefois, et de tous les fonctionnaires qui agissent dans la vaste sphère de l'administration, et des différents tribunaux administratifs comme corps diversement constitués et appelés, chacun dans la limite de ses attributions, à juger entre les citoyens et l'administration toutes les fois que des actes froissent ou choquent des réglements administratifs ; et enfin des principales matières dont s'occupent d'innombrables réglements. Partout j'ai cherché à me renfermer dans des généralités, laissant à la sagacité de mes lecteurs le soin de déduire les applications à des cas tout particuliers, et parce que dans cet examen l'on s'en tient toujours à des principes généraux, comme je m'en suis convaincu.

Cet opuscule, je l'offre au public, à
tous ceux qui n'ont pas le temps d'é-
tudier à fond une législation particulière et pourtant immense, qui bien
souvent incohérente, exige de nom-
breuses années d'un travail courageux ;
je l'offre à mes anciens et chers condis-
ciples. Ils y trouveront les premiers
principes du droit administratif, principes simples, qui entendus avec sagacité, seront féconds en instruction,
et leur rappelleront avec fruit les leçons du professeur. Qu'ils n'espèrent
pas y trouver un corps suffisant de doc-
trine, c'est seulement le livre qui leur
manque, le livre pour leur examen.
Comme aucun d'eux n'a la présomp-
tueuse intention de s'en tenir à son savoir d'examen, tous en le lisant senti-
ront le besoin d'étudier plus tard ces

ouvrages complets , qui seuls sont une mine inépuisable de science que chacun exploite suivant son génie, qui seuls peuvent réunir, expliquer, commenter des lois et des réglements nombreux, descendre dans la discussion des faits et des questions spéciales ; livres que vont consulter avec fruit, et les magistrats, et les jurisconsultes, et les fonctionnaires publics, et ceux qui ont choisi la noble carrière où l'on défend les droits des citoyens.

Si après avoir atteint le but que je me suis proposé, l'insuffisance, la médiocrité, l'infériorité même plus que relative de mon opuscule, pouvait inspirer le désir d'une science plus vaste, je ne croirais pas avoir fait un mauvais livre ; puisque au lieu d'un ouvrage décourageant, parce qu'il serait trop

tôt offert et lu trop à la hâte, j'aurais
fixé à ce grand ouvrage sa véritable
place dans les mains de jeunes gens
libres de toutes les petites tracasseries
de l'école, pour un temps où plus forts,
plus courageux, ils travaillent véritablement et acquièrent la science pour
la conserver toute la vie.

MANUEL

DE

DROIT ADMINISTRATIF.

PREMIÈRE PARTIE.

DES FONCTIONNAIRES ET JUGES ADMINISTRATIFS.

Qu'est-ce que le droit administratif ?

Le droit administratif est la réunion des principes qui règlent l'action de l'administration.

Qu'est-ce que l'administration ?

L'administration peut être considérée sous deux points de vue ; ou en elle-même comme corps composé de différents agents chargés de fonctions diverses et ayant mis-

2

sion, chacun dans la limite de ses pouvoirs, de gérer les choses communes, de pourvoir aux besoins collectifs; ou dans son rapport avec les administrés qui ont tous droit aux jouissances communes, sous la condition de participer aussi en proportion aux charges communes. Mais comme l'administration surveille l'intérêt public, que son rôle est de le défendre toujours, elle agit encore sur les citoyens, quand l'intérêt privé vient à heurter l'intérêt de tous. Sa mission prend alors un caractère contentieux. Dans le premier ordre de vue elle agit seule et directement; dans le second elle rencontre les citoyens, et lève les difficultés.

Déterminez les circonstances où l'action de l'administration devient contentieuse ?

L'action de l'administration prend un caractère contentieux, toutes les fois qu'un acte de l'administration blesse un intérêt privé qui réclame, ou lorsque l'acte d'un

citoyen a lieu en opposition de quelque réglement administratif, et que le fonctionnaire agit pour le faire rentrer dans
l'ordre.

Chapitre premier.

Des fonctionnaires administratifs.

Qu'est-ce qui administre ?

Le roi est le chef suprême de l'état, il exerce seul le pouvoir exécutif. Seul il ne fait pas les lois, mais il est chargé de pourvoir à leur exécution, ce qu'il fait en administrant. L'on pourrait donc dire en un sens que le roi seul est administrateur ; mais il n'administre pas lui-même (1) ; il

(1) « L'usage de déléguer le pouvoir administratif et le commandement militaire, n'a d'autres motifs que *l'impossibilité* où sont les princes de remplir eux-mêmes tant de fonctions diverses (M. Henrion de Pansey, *De l'autorité Judiciaire*, ch. iii).

délègue sa puissance ou plutôt l'exercice de sa puissance, à divers agents placés à des degrés différents dans la hiérarchie administrative, agents dont il est le suprême régulateur; et alors on peut dire, en fait, que ce sont eux qui administrent.

Quels sont les principaux fonctionnaires administratifs?

Ce sont : 1º les ministres; choisis et nommés par le roi, ils exercent son pouvoir, chacun dans le département dont la direction lui est spécialement confiée; 2º les préfets, chargés de l'administration, dans des circonscriptions déterminées du territoire, qu'on nomme départements; 3º les sous-préfets, sous la direction des préfets, administrant dans des divisions déterminées des départements, appelées arrondissements; 4º les maires et leurs adjoints qui les remplacent en cas d'absence ou d'empêchement, chargés d'administrer les villes et communes; 5º sous les ordres des maires, les commissaires de police, dont

*

le nom seul indique suffisamment que leur fonction est toute de surveillance, dans l'intérêt de la tranquillité et de la sûreté publique.

§ I⁰ʳ. Des ministres.

Qu'est-ce qu'un ministre ; quelles sont ses principales attributions ?

Les ministres sont les premiers agents de l'administration ; ils proposent et contresignent sous leur responsabilité personnelle les actes de l'autorité royale. Chacun dans son département exerce le pouvoir administratif. Ils dirigent les autres agents de l'administration, correspondent avec eux, leur donnent les instructions nécessaires ; et envoient des circulaires pour assurer l'exécution des lois et la régularité de l'administration. Ils traitent au nom de l'état ; passent des marchés pour les services de leur département. Ils sont les ordonnateurs généraux des dépenses publiques, et rendent leurs comptes qui sont soumis à la législature.

L'autorité ministérielle prend-elle quelquefois un caractère autre que celui d'une action simple et directe?

Oui, le ministre est quelquefois juge administratif. Il réforme les actes des employés inférieurs, suspend ou révoque les fonctionnaires qu'il nomme. Il prononce sur la validité des décisions des préfets, avant qu'on puisse les attaquer devant le conseil d'état. (1)

Quel recours est réservé contre les décisions ministérielles?

En matière non contentieuse on peut recourir au roi, par la forme gracieuse; si l'affaire au contraire présente un caractère

(1) M. Macarel, dans son ouvrage, *des Juges administratifs*, pag. 128 et suiv.; rapporte plusieurs exemples qui prouvent que les ministres remplissent en certains cas un véritable office de juges. Il est bon de les consulter.

contentieux , l'appel est ouvert devant le conseil d'état.

Combien y a-t-il de ministres?

Le nombre en peut varier à la volonté du roi. Ainsi l'ordonnance royale du 8 août 1829, ayant supprimé le ministère du commerce créé le 8 janvier précédent, et ayant de nouveau remis dans les mains d'un seul ministre la direction de l'instruction publique et des affaires ecclésiastiques, séparées au mois de janvier, les ministres ne sont plus aujourd'hui qu'au nombre de sept. 1° Le ministère de la justice; 2° le ministère de l'intérieur, auquel se trouve réuni le ministère du commerce; 3° le ministère des finances; 4° celui de la guerre; 5° celui de la marine et des colonies; 6° celui des affaires étrangères; 7° enfin le ministère de l'instruction publique et des affaires ecclésiastiques.

De quoi est spécialement chargé le ministre de la justice?

Le ministre de la justice, dépositaire des sceaux de l'état, scelle les lois et ordonnances qu'il promulgue au nom du roi ; il correspond avec les tribunaux et les ministères publics qui y sont attachés, veille à la bonne administration de la justice, présente les candidats aux promotions dans l'ordre judiciaire, qui sont nommés par le roi; enfin demande au corps législatif l'interprétation des lois quant à ce qui regarde l'ordre judiciaire.

De quoi est spécialement chargé le ministre de l'intérieur?

Il transmet les lois aux fonctionnaires administratifs afin qu'ils les rendent publiques. Il correspond avec tous les corps administratifs qu'il dirige et surveille dans l'exécution des lois et réglements d'administration. Il fait exécuter celles relatives aux élections. Il a dans ses attributions les affaires relatives aux cultes non catholiques; il présente à l'approbation du roi les délibérations des conseils de départements. Il surveille les mines, les ponts et chaussées, les édifices publics, la navigation, la conservation des bâtiments, édifices publics, hôpitaux, etc.; enfin procure l'exécution des mesures prises pour le maintien de la sûreté et de la tranquillité de l'intérieur du royaume. Dans son département se trouve encore le devoir d'encourager l'agriculture, les arts, l'industrie et le commerce. (1)

(1) Une ordonnance royale du 19 mai 1830 vient de séparer du département de l'intérieur, pour former un ministère particulier, sous le titre de ministère des travaux publics, les branches d'administration qui composent la direction générale des ponts et chaussées et des mines, ainsi que celles qui concernent les rivières et cours d'eau non navigables, les desséchements, les bâtiments civils, les travaux d'embellissement des villes et tous les autres travaux relatifs aux diverses parties de la voie publique. En conséquence tout ce qui ressortait au ministère de l'intérieur, relativement à cette partie du service, se trouve aujourd'hui dans les attributions d'un ministère spécial; la surveillance, les ordres à donner, les marchés et adjudications relatifs aux travaux

Quelles sont les attributions du ministre des finances ?

Tout ce qui se rattache à la perception des contributions directes et indirectes ; les monnaies, et tous les établissements, baux, régies, entreprises, qui rendent une somme quelconque au trésor ; la conservation des forêts et propriétés appartenant à la nation, sont dans les attributions de son ministère, etc. et généralement tout ce qui concerne les finances de l'état.

De quoi est spécialement chargé le ministre de la guerre ?

Le ministre de la guerre est chargé de la direction, de la surveillance et de l'entretien de l'armée ; du travail sur les promotions militaires ; de l'armement des places fortes ; de la police militaire de la gendarmerie.

publics en général, sont dès-lors exclusivement de la compétence du nouveau ministre.

Quelle est la partie de l'administration confiée au ministre de la marine et des colonies ?

Il a l'administration des ports, arsenaux, et approvisionnements maritimes ; la direction des armements et constructions des bâtiments de mer. Il correspond avec les consuls et agents du commerce français. Il surveille l'exécution des lois sur le régime des colonies. Enfin il a la surveillance soit sanitaire, soit disciplinaire des bagnes.

De quoi est chargé le ministre des affaires étrangères ?

Il correspond avec les ambassadeurs et consuls envoyés par le roi auprès des puissances étrangères. Il veille au maintien et à l'exécution des traités. Enfin il est chargé au dehors du royaume, de la surveillance et de la défense des intérêts politiques et commerciaux de la nation française.

Quelles sont les attributions du mi-

nistre des affaires ecclésiastiques et de l'instruction publique ?

Comme ministre de l'instruction publique, il dirige l'enseignement dans tout le royaume; exerce les fonctions de grand maître de l'université; correspond avec toutes les académies du royaume; présente les candidats aux places vacantes dans l'université; il règle les dépenses des colléges royaux, et veille au placement des bourses royales. Comme chargé des affaires ecclésiastiques, il présente les sujets les plus dignes d'être promus aux archevêchés, évêchés et autres titres ecclésiastiques du royaume. Il règle les dépenses du clergé catholique, et celles des édifices diocésains. Enfin il dirige en général les affaires concernant la religion catholique. (1)

Les ministres n'ont ils pas immédiate-

(1) Consultez les lois des 27 avril, 25 mai 1791. Ordonnances royales, 26 août 1824, 10 février 1828.

ment près d'eux des employés chargés de différentes branches d'administration dérivant de leurs attributions?

Oui. Ce sont les directeurs généraux qui agissent sous leurs ordres et d'après leurs instructions; mais leur rôle est tout de surveillance et d'impulsion sur les employés inférieurs. Ils ne rendent pas de décisions.

§ II. Des préfets.

Qu'est-ce qu'un préfet; quelles sont ses fonctions?

Le préfet est l'agent chargé de l'administration locale dans un des départements de la France. Là il doit procurer l'exécution des lois, ordonnances royales et réglements administratifs, qu'il est appelé à publier et notifier. Son autorité se manifeste par des actes qui portent le nom d'arrêtés. Ces arrêtés ordonnent l'exécution de la loi, ou en font eux-mêmes

l'application. Il est seul chargé de l'administration dans son département ; il pourvoit lui-même par ses propres actes, aux
besoins du service public local dans les
limites des attributions qui lui sont confiées, et dans la circonscription du territoire qui lui est soumise.

Par qui sont nommés les préfets?

Les préfets sont nommés par le roi. Ils
ne peuvent s'absenter de leur département
sans l'autorisation du roi; ils s'adressent,
pour l'obtenir, au ministre de l'intérieur,
sous la surveillance et la direction duquel
ils se trouvent immédiatement placés.

*En cas d'absence ou en cas de vacance
de leur place par décès ou autrement,
par qui sont remplacés les préfets?*

Ils sont remplacés par le secrétaire-général de la préfecture, jusqu'à ce qu'il en
soit autrement ordonné par le ministre
de l'intérieur.

Par qui est nommé le secrétaire-géné-

ral de préfecture et quelles sont ses fonctions?

Le secrétaire-général de préfecture est nommé par le roi. Il est chargé de la garde des papiers et documents administratifs. Il est investi d'un caractère légal, pour donner l'authenticité aux expéditions et publications des actes de l'administration. Son autorité du reste est bornée à la direction de l'intérieur des bureaux de la préfecture.

Quelles sont plus spécialement les fonctions du préfet considéré comme administrateur du département?

Considéré sous ce point de vue, le préfet semble agir, tantôt sans exercer le commandement, tantôt comme revêtu d'une autorité de tutelle sur les communes, les hôpitaux et autres établissements publics. Quelquefois il déploie l'autorité du commandement; quelquefois aussi il provoque les décisions d'autorités supérieures, lorsque la loi vient poser une limite à l'action de direction et de surveillance dont il est chargé dans toutes les branches du service public.

Dans quels cas le préfet semble-t-il agir sans autorité, sans exercer un commandement?

Le préfet surveille l'exécution des travaux faits aux grandes routes, rivières, etc., les prisons et autres maisons de réclusion, les établissements d'instruction et écoles primaires : dans certains cas, comme dans les demandes en concession de mines, il est appelé à donner son avis au ministre. Le préfet intente en son nom les actions de l'état et y défend, parce qu'il en est le représentant dans la portion du territoire qui lui est soumise ; il exerce aussi celles de son département en qualité d'administrateur. Il dirige et surveille les opérations relatives à l'administration et à la vente des domaines de l'état. Enfin il est chargé de la rédaction et vérification des listes du jury et des élections ; comme il doit sur-tout procurer l'exécution rapide et loyale de la loi sur la conscription et le recrutement de l'armée. Dans toutes ces circonstances qui ne sont données que par forme d'exemples, soit qu'il dirige des opérations administratives, comme représentant de l'état dans son département, soit qu'il se contente d'administrer par de simples mesures de surveillance, le préfet agit, mais agit sans montrer une autorité de commandement. (1)

Par quelles mesures se manifeste l'autorité de tutelle qu'ont les préfets, sur les communes et établissements publics ?

Le préfet règle les budgets des communes d'un revenu inférieur à 5o,ooo fr.; et ceux des hôpitaux, bureaux de bienfaisance, etc., lorsqu'ils n'excèdent pas 1oo,ooo fr. Il approuve les réglements de ces mêmes établissements publics. Il autorise les travaux que les communes deman-

(1) Loi du 22 décembre 1790.

dent à faire aux bâtiments communaux, aux églises, presbytères, etc. Il vérifie et arrête les comptes des maires des communes. L'administration municipale, dans l'exercice de ses fonctions est entièrement subordonnée à l'autorité du préfet, soumise à son inspection et à sa surveillance. Il concourt à l'homologation que le conseil de préfecture est appelé à donner ou à refuser aux décisions prises par l'administration municipale, quand il s'agit d'emprunts, d'acquisitions, ventes, travaux à faire, procès à soutenir, et généralement tout ce qui concerne l'intérêt de la commune. (1)

Il a la même autorité sur les délibérations des commissions des hôpitaux et établissements publics. (2)

Dans quels cas le préfet exerce-t-il une autorité de commandement ?

(1) Voyez, au reste, *de la Tutelle Administrative*, à la IIe partie, chap. 2.

(2) Loi du 14 décembre 1789, 16 messidor an 7.

Le préfet a une autorité de commandement, soit sur les agents qui lui sont subordonnés, soit sur les citoyens, dans les matières déterminées par les lois. Sur les
subordonnés : ainsi il nomme et peut suspendre de leurs fonctions les membres
des conseils municipaux, ainsi que les
maires et adjoints des communes au-des-
sous de 5000 habitants. Il nomme aussi les
gardes forestiers, si les communes man-
quent de le faire; il nomme les gardiens
des différentes maisons de détention.
Autorité sur les citoyens : ainsi il autorise l'établissement des spectacles; l'établissement des manufactures insalubres
de seconde classe. Il fait des réglements
pour fixer le mode de jouir des choses
communes. Il veille à la salubrité locale,
à la tranquillité publique, au bon ordre.
Enfin il ordonne par des réglements d'administration publique qui obligent les
citoyens. Il prononce sur les réclamations
en matière cadastrale, sur les réclamations
des propriétaires relatives aux points

sur lesquels doivent avoir lieu les travaux d'utilité publique, etc.

Que doit faire le préfet si le service public exige qu'il soit pris quelque mesure, mais que l'autorité qui lui est confiée ne lui laisse pas le droit d'ordonner ou décider ?

Comme le préfet est toujours chargé de veiller à l'ordre et de provoquer l'action de l'administration, s'il ne peut agir lui-même faute de pouvoir, il demande aux ministres respectifs, les décisions réservées à l'autorité supérieure. Ainsi, à défaut de plainte particulière, le préfet exerce d'office le recours pour cause d'abus. S'il estime qu'une question portée devant les tribunaux ordinaires est attribuée par les lois à l'autorité administrative, il demande le renvoi devant l'autorité compétente, par un mémoire adressé au tribunal et au procureur du roi; et si le déclinatoire est rejeté, il peut élever le conflit. Enfin, comme il rend compte de l'état de son département au ministre de l'intérieur, il est dans son devoir de solliciter de lui, les décisions qui excéderaient son pouvoir, et qu'il ne pourrait rendre lui-même.

Le préfet agit-il toujours seul ?

Il est quelquefois assujetti à prendre l'avis du conseil de préfecture. Il doit même lui déférer la connaissance de tout le contentieux administratif; car ces conseils ont été surtout institués comme tribunal auquel doivent se porter toutes les contestations administratives; d'après ces deux principes, qu'administrer est le fait d'un seul, mais que juger est le fait de plusieurs. (1)

(1) M. Henrion de Pansey, dans son ouvrage déjà cité, pense que le roi délègue l'autorité *judiciaire*, parce qu'il ne *doit* pas juger. Cette idée paraît assez juste pour que l'on réserve toujours aux conseils de préfecture, qui offrent toujours une plus grande responsabilité d'intégrité et de lumière qu'un préfet seul, toutes les questions qui demandent un jugement pro-

PRÉFET DE POLICE A PARIS.

Dans le département de la Seine, le préfet exerce-t-il toutes ces fonctions?

Non. On en a distrait et on a remis aux soins d'un préfet de police, nommé par le roi, tout ce qui concerne la police, la sûreté et la tranquillité publiques, les passeports, permis de séjour, ports d'armes, les mesures à prendre pour la salubrité de la ville, etc. Il a à sa disposition la gendarmerie de la ville de Paris. Il exerce la police de la Bourse; fait surveiller les foires, halles, marchés, places et lieux publics. Il publie les lois et ordonnances relatives à la police, et fait des réglements pour leur exécution. Il est sous la direction du ministre de l'intérieur; il est cependant quelques-uns de ses actes dont il .

prement dit. Ce qui arrive dans le contentieux administratif.

ne doit compte qu'au roi ; ainsi l'emploi des fonds secrets de la police.

§ III. Des sous-préfets.

Qu'est-ce qu'un sous-préfet ?

Le sous-préfet est un intermédiaire légal entre les maires de son arrondissement et le préfet du département qu'il est appelé à seconder. Il fait exécuter toutes les mesures prises par le préfet ; il doit lui rendre compte une fois par mois de l'exécution des diverses parties du service confiées à ses soins. En un mot, ses fonctions correspondent dans son arrondissement à celles du préfet dans le département, mais il les exerce sous sa direction, sous son autorité. (Loi du 22 décembre 1789.)

Par qui sont nommés les sous-préfets ?

Les sous-préfets sont nommés par le roi. Ils ne peuvent s'absenter sans une autorisation du préfet qui doit soumettre la demande au ministre de l'intérieur. Au reste, il est confié aux soins du préfet de pourvoir provisoirement au remplacement des sous-préfets en cas d'absence ou de maladie.

Quelles sont plus spécialement les fonctions du sous-préfet?

Le sous-préfet n'est le plus souvent qu'un organe d'information, de transmission, de surveillance, de contrôle ; dans ces cas il transmet son avis au préfet qui statue ensuite. Cependant il est investi de quelque autorité en certaines matières. Ainsi, il préside les assemblées pour les opérations du cadastre dans son arrondissement ; il arrête le budjet des communes dont le revenu ne s'élève pas à 100 francs ; il procède, avec l'assistance des maires, à l'examen des tableaux de recensement des jeunes soldats de chaque canton, et il statue sur toutes les difficultés auxquelles peuvent donner lieu ces tableaux et la désignation par le sort des jeunes gens atteints; il ordonne ce que de droit, pour faire cesser de suite le dommage en cas de contravention en matière de grande voirie; il statue sur les contestations relatives au paiement de l'octroi de navigation; il autorise l'exploitation des manufactures et ateliers compris dans la troisième classe des établissements insalubres, incommodes; il surveille les écoles primaires, les travaux publics, comme digues, levées, etc.; enfin il concourt spécialement au recouvrement des contributions directes; il reçoit, vise et adresse à chaque maire les états de la répartition faite chaque année, entre les communes, de la contribution foncière assignée à son arrondissement; il vise les contraintes envoyées aux contribuables, nomme sous l'approbation du préfet les porteurs de contraintes, et statue provisoirement sur les réclamations qui s'élèvent contre eux.

Les décisions ou mesures prises par le

sous-préfet sont-elles à l'abri de tout recours ?

La plupart des actes du sous-préfet,
n'étant, comme nous l'avons dit, et le plus
souvent, que des actes de surveillance, il
est rarement appelé à statuer : il dénonce
et appelle l'attention de l'autorité supérieure ; mais si pour le besoin pressant du
service (par exemple en cas de contravention en matière de grande voirie) , il vient
à ordonner quelque chose, le recours
contre ses décisions est presque toujours
ouvert devant le préfet.

§ IV. Des maires.

Qu'est-ce qu'un maire ?

Le maire est un administrateur revêtu
d'un double caractère. Il est délégué pour
l'exécution des lois et réglements publics ;
il est le représentant et l'organe de la commune.

Quelles sont les fonctions du maire,

considéré comme administrateur délégué pour l'exécution des lois et réglements publics?

Le maire en cette qualité exerce quatre fonctions principales ; il vérifie , il signe : sa signature sur certains actes, sa présence à certaines assemblées , leur donne un caractère d'authenticité, de garantie. — Organe d'exécution, c'est lui qui procure la dernière application , l'application immédiate, individuelle des lois et réglements d'administration générale; il est appelé à en surveiller l'exécution. — Il réunit à ce caractère d'administrateur public, celui d'administrateur spécial, ayant sur-tout mission expresse de la loi pour le maintien de l'ordre public dans la commune dont l'administration lui est confiée ; en cette qualité il est investi d'une autorité propre, à l'effet de prescrire les mesures qui appartiennent à la police municipale. — Enfin la loi lui a déféré la connaissance de quelques cas qui exigent l'autorité de donner une décision, il est donc aussi juge administratif.

Quels sont les principaux cas où le maire se trouve appelé à donner soit à des actes par sa signature, soit à certaines assemblées par sa présence, un caractère d'authenticité, ou de garantie aux yeux du public ?

Le maire délivre les certificats prescrits par la loi pour attester les divers cas d'exemption ou dispense en matière de recrutement ; il peut dresser procès-verbal des contraventions en matière de grande voirie ; il vise et signe l'original des exploits d'assignation, saisie, etc., lorsque la partie n'est pas trouvée à son domicile, ni personne pour elle ; il délivre les légalisations de signature ; sa présence exigée en beaucoup de circonstances l'est entre autres, lorsque l'on doit procéder à l'ouverture des portes lorsqu'elles sont fermées ou que l'entrée en est refusée à l'huissier. En matière de cadastre c'est en sa présence

et contradictoirement avec lui que doivent
être reconnues et fixées les limites de sa
commune et de celles qui l'avoisinent.

*Que fait spécialement le maire,
comme organe d'exécution, comme chargé de l'application dernière, immédiate
des lois et réglements?*

Le maire reçoit du gouvernement le
bulletin des lois, et, s'il le juge nécessaire
il peut de nouveau les publier. Il reçoit du
sous-préfet le mandement contenant la
fixation du contingent de sa commune
dans la contribution foncière, ainsi que le
mandement relatif à la contribution mo-
bilière et personnelle, et il ne peut se dis-
penser, sous peine de destitution et de
responsabilité, de publier ces mandements.
Il dresse la matrice du rôle pour la contribution des portes et fenêtres. Il arrête
le tableau des citoyens assujettis à la pa-
tente dressé par le contrôleur des contributions directes et y joint ses observations.
Il dresse et transmet chaque année au pré-

fet, la liste de tous les jeunes gens ayant atteint l'âge requis pour être soumis à la loi du recrutement. Enfin il peut être chargé de la direction immédiate des travaux publics dans le ressort de la municipalité, de l'inspection directe des travaux de réparations ou de reconstructions d'églises, etc.

Comme délégué à la surveillance du bon ordre, quelles sont les principales fonctions du maire?

Il surveille le bon état des routes et rend compte de son inspection au sous-préfet, les travaux de desséchements et assainissements de lieux inondés et les opérations relatives à la perception des droits de passage sur les fleuves. Il surveille aussi l'administration des hospices civils. Il vérifie l'emploi des poids et mesures. Les foires, marchés, maisons d'arrêt, de justice, les établissements d'instruction publique sont aussi sous sa surveillance. De plus, le maire est chargé de faire jouir les habitants d'une bonne police. Les objets de police confiés à la vigilance et à l'autorité du maire sont principalement : tout ce qui intéresse la sûreté et la commodité du passage sur les voies publiques; le soin de réprimer ou punir les délits contre la tranquillité publique, rixes, ameutements, tumultes, bruits nocturnes, etc. Le maintien du bon ordre dans les lieux publics, cafés, spectacles, etc. La police rurale est confiée à ses soins, il doit veiller à la salubrité et à la sûreté des campagnes. Le maire pourvoit encore au passage et logement des troupes; il règle l'alignement pour l'ouverture des nouvelles rues ou l'élargissement des anciennes; il délivre les passeports pour l'intérieur, enfin quant à la police dans la commune, son autorité va jusqu'à requérir la force armée, toutes les fois qu'il la juge utile pour le maintien de la tranquillité. Tout citoyen est en ces cas tenu de lui obéir provisoirement. (1)

____

(1) Lois de 1791.

Dans quels cas la juridiction du maire est-elle établie?

Le maire prononce : sur les contestations entre les employés de la régie et les débitants de boissons, relativement à l'exactitude de la déclaration des prix de vente ; déclaration qui sert de base à la perception du droit ; sur les contraventions relatives à la police du roulage et notamment au poids des voitures ; juge sommairement et provisoirement, sans frais et sans formalités, (1) sur les difficultés qui pourraient naître entre les concurrents pour les primes, ou prix de courses des chevaux.

Dans ces cas la décision du maire est-elle définitive?

Non. La décision du maire n'est que

(1) Voyez pourtant l'ordonnance du 22 novembre 1820, qui semble lui dénier ce pouvoir. M. Macarel, dans son ouvrage déjà cité, page 176, pense que l'interprétation donnée par l'ordonnance est erronée.

provisoire; la décision définitive est réservée au préfet, en conseil de préfecture,
dans le troisième cas; dans les deux premiers, le recours est généralement ouvert
devant lui en conseil de préfecture, contre
la décision du maire.

*Quelles sont les principales fonctions
du maire considéré comme l'organe et le
représentant de la commune?*

Aux soins du maire sont confiées la
tenue et la conservation des registres de
l'état civil de sa commune. Il est chargé
de régir les biens et revenus de la commune; de régler et d'acquitter ses dépenses; de diriger et faire exécuter les
travaux qui sont à sa charge; d'administrer
les établissements qui lui appartiennent,
qui sont entretenus de ses deniers, ou qui
sont destinés à l'usage des habitants. Il
exerce les actions de la commune: c'est en
sa personne et à son domicile qu'elle est
assignée; — Il réclame dans l'intérêt de la
commune, les réductions dans la contri-

bution foncière; — Il pourvoit aux besoins des hôpitaux et des établissements de charité, dont il est le protecteur né. Il préside l'administration des hospices, des bureaux de charité, des monts-de-piété, etc. Enfin, il exerce une sorte de patronage officieux, sur les habitants de sa commune, ainsi, en faisant faire la récolte des personnes absentes, ou infirmes; lorsqu'il présente les réclamations des jeunes gens atteints par le sort, tant devant le conseil de recrutement, que devant celui de révision.

Par qui sont nommés les maires; quelles sont les conditions générales relatives à l'exercice des fonctions de maire?

Dans les communes, dont la population excède 5,000 âmes, les maires sont nommes par le roi; dans les autres, ils le sont par les préfets; chacun dans la limite de son département, exerce cette autorité. — Les maires doivent être âgés de 25 ans au moins, ils sont pris dans le conseil municipal. Ils sont ténus à la résidence. La durée de leurs fonctions est de 5 ans. — L'autorité du maire est bornée au territoire de sa commune; elle est entièrement subordonnée à celle du préfet et du sous-préfet, pour tout ce qui concerne les fonctions déléguées par l'administration générale; ainsi, par exemple, il ne peut prendre aucun arrêté contraire à celui du préfet, ou du sous-préfet.

En cas d'absence ou d'empéchement du maire, par qui est-il remplacé dans l'exercice de ses fonctions?

Le maire est alors remplacé par un adjoint; celui-ci représente le maire et est investi par la loi d'un caractère d'autorité nécessaire pour le remplacer, soit lorsque ce dernier étant présent, lui désigne quelque partie du service public, soit lorsque en son absence ou en cas d'empéchement, la délégation générale de la loi vient le charger des fonctions que le maire ne peut plus remplir.

Par qui sont nommés les adjoints ?

Les adjoints sont nommés par le roi dans les communes dont la population excède 5,ooo ames ; le préfet est chargé de pourvoir aux nominations dans les autres. Leur nombre varie suivant les besoins présumés du service public; ainsi, dans les communes dont la population excède 2,5oo âmes, jusqu'à celles dont la population est de 10,ooo, il y a deux ad-joints ; dès que la population excède ce nombre , il y a un adjoint par 20,ooo habitants d'excédant.

MAIRES A PARIS.

Les attributions des maires , dans la capitale, n'ont-elles pas été limitées ?

Oui. Tout ce qui concerne la police, le maintien du bon ordre et de la tranquillité publique, devait disparaître des fonctions des maires, comme de celles du préfet; cette partie est confiée aux soins d'un préfet de police. Un petit nombre de fonctions spéciales seulement ont été laissées aux douze maires de Paris, dans leurs arrondissements respectifs, et à leurs adjoints qui sont au nombre de deux dans chaque arrondissement municipal. Ainsi ils restent chargés des registres de l'état civil, de la surveillance des hospices et bureaux de charité, etc.

§ V. Des commissaires de police.

Quelles sont les fonctions des commissaires de police ?

Les commissaires de police sont chargés par la loi de différentes fonctions, soit dans l'ordre judiciaire, soit dans l'ordre administratif. Dans l'ordre judiciaire, ils sont placés au nombre des personnes chargées d'exercer la police judiciaire, de rechercher en conséquence les crimes, délits et contraventions ; d'en rassembler les preuves, d'en dresser procès-verbal et

d'en livrer les auteurs aux tribunaux chargés de les punir (1). Dans l'ordre administratif, placés sous l'autorité des maires, ils
concourent avec eux à tous les objets de
police municipale.

*Dans ce dernier ordre de vue, que font
principalement les commissaires de police?*

Ils sont chargés de visiter les hôtels,
auberges, maisons garnies, viser les registres qui doivent être tenus par les maîtres de ces maisons; de veiller à ce que
personne ne voyage sans être muni de
passeport. Ils doivent faire des visites et
tournées dans les foires, marchés, et dans
la commune pour veiller à la tranquillité,
au bon ordre, à l'exécution des réglements,
à l'emploi des mesures et poids légaux, et
dresser procès-verbal des contraventions.
Ils ont le droit de constater par procès-verbaux, les contraventions en matière de
grande voirie.

(1) Voy. Cod. d'inst. crim., art. 8, 9, 11, 12,
50, etc. L. des 21, 29 juillet 1791.

Par qui sont nommés les commissaires de police?

Les commissaires de police sont nommés par le roi. Le nombre en varie, selon que la commune est plus'ou moins considérable. Dans les villes de 5,000 à 10,000 ames, il y a un commissaire de police. Au-dessus, il y a un commissaire de police par 10,000 habitants d'excédant.

Dans quelle limite s'exerce l'autorité du commissaire de police?

Le commissaire de police exerce ses fonctions dans tout le territoire de la commune ; s'il y a plusieurs commissaires, il est assigné à chacun un arrondissement spécial ; quoique en ce cas chacun conserve son autorité dans toute la commune, ces arrondissements ne limitant pas leurs pouvoirs respectifs, mais indiquant seulement les termes dans lesquels chacun d'eux est plus spécialement astreint à remplir ses fonctions (1). Remarquons

(1) Voy. art. 12 du Cod. d'instruct. crim.

seulement qu'un commissaire de police ne peut s'introduire dans l'habitation d'un citoyen qu'en vertu d'ordonnance, con-trainte ou jugement; et dans le cas encore où des cris invoqueraient secours dans l'intérieur de la maison. Quant aux lieux publics, théâtres, cafés, etc., il peut y entrer lorsqu'il le juge convenable.

Y a-t-il quelque exception pour les commissaires de police, à Paris, à tout ce qui vient d'être dit sur les commissaires des autres villes.

Oui. A Paris les commissaires de police sont sous l'autorité du préfet de police. Ils exercent la police judiciaire pour tous les délits, dont la peine n'excède pas trois jours de prison, et une amende de trois journées de travail. Leurs fonctions, du reste, sont en tout celles dont nous avons parlé plus haut, et on peut leur appliquer tout ce qui a été dit des commissaires de police en général.

Chapitre deuxième.

Des conseils administratifs.

L'administration se présente-t-elle toujours telle qu'elle nous est apparue jusqu'à présent, renfermée dans des fonctions diverses, exercées par un seul fonctionnaire à chaque degré de la hiérarchie administrative?

Non. L'administration se présente sous deux formes principales; ou lorsque les fonctions sont exercées par un fonctionnaire unique, ou lorsqu'elle appelle des conseils. Dans le premier cas elle est essentiellement active, dans le second, essentiellement délibérante.

Quelles sont les fonctions des différents conseils administratifs?

Les uns sont appelés à des fonctions purement consultatives, ils éclairent l'administration de leurs avis, et ne prononcent pas. — Les autres sont chargés de gérer certains établissements publics, ils ont une véritable mission administrative, agissent et prononcent, mais dans l'enceinte de ces établissements. — Quelques autres sont investis, par une délégation expresse de la loi, du droit de répartir les charges et les jouissances communes. — Quelques autres enfin, et ceux-là importent sur-tout par les hautes fonctions qui leur sont confiées, sont institués pour prononcer dans les difficultés qui s'élèvent sur l'exécution des opérations administratives, lorsque l'intérêt public et l'intérêt privé viennent à se choquer; ils sont, en un mot, chargés du contentieux de l'administration. C'est-là leur principal caractère, et quoiqu'ils soient aussi à certains égards appelés à donner de simples avis, on peut, pour la régularité de la division, ne s'arrêter qu'à leur marque vraiment distinctive. (Voyez les institut. du droit administratif en France, par M. De Gérando, pag. 18.)

Quels sont les principaux conseils administratifs chargés de fonctions purement consultatives?

Ce sont : le conseil général d'agriculture ; celui des arts et manufactures ; celui du commerce ; et le conseil général des prisons ; ils sont dans les attributions du ministère de l'intérieur. Près des autres ministères il en existe chargés également de fonctions purement consultatives. Ainsi le conseil d'amirauté, près du ministère de la marine, etc.: mais quelles que soient les attributions diverses dont ils se trouvent chargés, bornons-nous ici à dire qu'ils sont institués près de l'administration générale, pour l'éclairer de leurs avis et de leurs délibérations en ce qui touche les différentes branches du service public

qu'ils sont appelés à observer, étudier,
pour solliciter d'utiles et salutaires réfor-
mes. Leurs noms, leurs dénominations
indiquent toujours assez ce qu'ils ont à
faire.

*Quels sont les principaux conseils
administratifs particuliers, c'est-à-dire,
dont l'autorité se trouve limitée à des établissements publics spéciaux ?*

Ce sont les conseils des hospices ; les
conseils de fabrique ; les conseils académiques ; ceux des facultés ; le conseil royal
de l'instruction publique.

§ Ier. Des conseils des hospices.

*Quelles sont les fonctions des conseils
des hospices et hôpitaux ?*

L'administration des hôpitaux et des
hospices est confiée à des commissions gra-
tuites ; ces conseils sont chargés de la
gestion économique des revenus et des

dépenses de ces établissements. Ils sont revêtus de l'autorité nécessaire à l'effet de prendre les mesures pour le bon régime moral de l'intérieur des établissements, pour le maintien du bon ordre et de la discipline, soit parmi les employés, soit parmi les personnes qui sont admises au nombre des malades, infirmes, etc.

Par qui sont institués ces conseils des hospices ?

Ils sont institués par le roi ou par le préfet du département, suivant les localités.

§ II. Conseils des fabriques.

Quelles sont les fonctions des conseils de fabriques, dans chaque paroisse ?

Les conseils de fabriques sont chargés de veiller à la conservation des temples ; d'administrer les fonds et les biens affectés à l'exercice du culte.

Quels sont les principaux sujets sur lesquels ils sont appelés à délibérer ?

Les conseils de fabriques sont appelés à délibérer sur le budget de la fabrique ; sur le compte annuel de son trésorier ; sur l'emploi et le remploi des fonds ; sur les dépenses extraordinaires que le besoin réclame. Ils délibèrent encore sur les procès à entreprendre ou à soutenir ; les baux à longues années, les aliénations, etc.

Comment se composent les conseils des fabriques ?

Ils sont composés de neuf membres dans les paroisses de 5000 ames et au-dessus, dans les autres de cinq seulement, pris parmi les notables catholiques. Le maire, s'il est catholique, et le curé en sont membres de droit. Le conseil se renouvelle partiellement tous les trois ans ; les conseillers qui doivent remplacer les membres sortants, sont élus par ceux qui restent.

Comment s'exécutent les délibéra-
tions?

A la diligence d'un bureau nommé bureau des marguilliers, et qui se compose
du curé et de trois membres du conseil de
fabrique élus par les autres.

Qui est-ce qui préside le conseil de fa-
brique?

Le président du conseil de fabrique est
élu chaque année au scrutin. On nomme
également un secrétaire et un trésorier.

§ III. Conseils académiques.

Quelles sont les principales fonctions
des conseils académiques?

Les conseils académiques sont appelés
à traiter de l'état des écoles de leurs arrondissements respectifs; des abus qui peuvent s'introduire dans leur discipline, leur
administration économique, ou dans leur
enseignement; ils doivent donner leur

avis sur les moyens propres à remédier à tous les abus qu'ils peuvent découvrir. Ils traitent encore des affaires contentieuses, relatives soit à leurs écoles, en général, soit aux membres de l'université résidants dans leur arrondissement; des délits qui peuvent être commis par ces membres; enfin de l'examen des comptes des colléges royaux et communaux situés dans leur arrondissement.

Que deviennent les délibérations des conseils académiques?

Les procès-verbaux et rapports sont transmis au grand-maître de l'université, et communiqués au conseil de l'université qui en délibère, soit pour remédier aux abus dénoncés, soit pour juger les délits et contraventions d'après l'instruction écrite.

L'autorité des conseils académiques va-t-elle quelquefois plus loin?

Oui : c'est au conseil académique qu'il

appartient d'appliquer les peines fixées par les réglements contre les étudiants convaincus d'avoir occasioné des troubles, soit dans l'intérieur des écoles, soit même au dehors, ou d'avoir pris part à des désordres publics, etc.

Comment se composent les conseils académiques ?

Ils se composent de dix membres, désignés par le grand-maître de l'université, parmi les membres et officiers de l'académie auprès de laquelle est établi le conseil.

Par qui sont présidés les conseils académiques ?

Les conseils académiques sont présidés par les recteurs ; ils s'assemblent au moins deux fois par mois ; les inspecteurs des études y assistent lorsqu'ils se trouvent dans les chefs-lieux des académies.

§ IV. Conseils des facultés.

Quelles sont les fonctions des conseils des facultés ?

Une ordonnance royale du 5 juillet 1820, leur a conféré le droit de prononcer la perte des inscriptions et autres peines plus graves contre les étudiants, convaincus d'avoir excité trouble ou insubordination, etc. Ils peuvent même prononcer l'exclusion pour un temps limité. Dans ce cas, le recours est ouvert devant le conseil académique.

§ V. Conseil royal de l'instruction publique, ou de l'université.

Quelles sont les principales fonctions du conseil royal de l'instruction publique ?

Le conseil royal de l'université est ins-

titué pour répondre aux nombreux et
différents besoins de cette partie du service public, qui a pour but l'éducation
de la jeunesse. Il est appelé en conséquence à diriger et à surveiller les différents établissements d'éducation, par des
mesures administratives générales. Ainsi,
il arrête et promulgue les réglements généraux relatifs à l'enseignement et à la discipline; prescrit l'exécution de ces réglements, et la surveille par des inspecteurs
qui visitent les universités. Il donne aux
conseils académiques, les avis nécessaires;
censure les abus, pourvoit à leur réforme.
Il propose au roi les mesures qu'il juge
propres à améliorer l'instruction, etc.
L'autorité du conseil de l'université ne
s'arrête pas à un simple rôle de direction
et de surveillance, il est investi par la loi
(1) de tout le contentieux de cette branche spéciale de l'administration. Dans ce

(1) Ou du moins, par les décrets que l'on observe,
comme s'ils étaient lois.

dernier cas, il est véritablement juge administratif.

Dans quelles matières la compétence du conseil de l'université est-elle établie?

Le conseil royal de l'université arrête le budget des facultés et des écoles ; il juge toutes les questions relatives à leur police, à leur comptabilité et à leur administration générale ; il est seul juge des plaintes des supérieurs et des réclamations des inférieurs quand il s'agit d'abus d'autorité, d'excès de pouvoirs, et en général de l'interprétation des réglements. Il peut seul infliger aux membres de l'université, les peines de la réforme et de la radiation d'après l'instruction et l'examen des délits qui emportent la condamnation à cette peine.

Les fonctionnaires de l'université rayés du tableau par jugement du conseil de l'université ont-ils quelque recours ouvert contre cette décision ?

Oui : pour ce cas seulement le recours est ouvert devant le conseil d'état. Les décisions du conseil royal de l'université sont, sauf cette exception, toutes définitives.

Les délibérations du conseil royal de l'instruction publique sont-elles exécutoires?

Oui : mais elles doivent être soumises à l'approbation du grand-maître de l'université, ministre de l'instruction publique, à l'exception seulement de celles relatives à la juridiction, ou à la discipline ; dans ces cas, les jugements sont seulement rendus en son nom (1).

Quelle est la composition du conseil royal de l'instruction publique?

Ce conseil est composé de douze membres choisis parmi les personnes les plus

(1) Voyez l'ouvrage déjà cité de M. Macarel, page 197.

recommandables dans l'instruction publique. Il y a un secrétaire-général chargé de rédiger les procès-verbaux. Près de ce conseil, le chancelier de l'université royale et à défaut le membre du conseil royal désigné pour le remplacer, remplit les fonctions de ministère public, dans toutes les affaires de juridiction.

Par qui sont nommés les membres du conseil royal de l'instruction publique?

Ils sont nommés par le roi.

Quels sont les principaux conseils administratifs investis par la loi d'une délégation expresse, pour répartir les charges communes, comme de régler le mode de jouissance des biens communs à tous les citoyens d'une même circonscription territoriale?

Ce sont les conseils généraux de département, les conseils d'arrondissement, les conseils municipaux à certains égards et les commissions de répartiteurs pour la contribution foncière dans chaque commune.

§ VI. Conseils généraux de département.

Quelles sont les attributions des conseils généraux de département?

Le conseil général de département est chargé de faire la répartition des contributions directes, entre les arrondissements de département; de statuer sur les demandes en réduction, faites par les conseils d'arrondissements, les villes, villages, etc. — Il est appelé à voter les centimes additionnels, pour les dépenses départementales. Il entend le compte annuel, rendu par le préfet, de l'emploi de ces centimes. Il exprime son opinion sur l'état et les besoins de son département et doit donner son avis sur les changements à la circonscription territoriale.

Quel est le résultat des délibérations du conseil général?

Les présidents des conseils généraux. le lendemain de la clôture de leur session, en adressent les procès-verbaux au ministre de l'intérieur. Ce ministre présente au roi le résumé des vœux des conseils généraux.

Le préfet du département fait-il partie du conseil général ?

Le préfet assiste au conseil général du département ; il y a voix consultative ; mais il ne peut assister aux délibérations qui ont pour objet d'entendre et d'examiner les comptes des dépenses qu'il est tenu de rendre aux termes de la loi.

Par qui sont nommés les membres des conseils généraux de département ?

Les membres de ces conseils sont nommés par le roi.

Quel est le nombre des membres des conseils généraux ?

Dans chaque département il y a un

conseil général , le nombre des membres qui le composent varie suivant l'étendue et l'importance du département. Dans quelques-uns ils sont au nombre de vingt-quatre, dans d'autres, de vingt seulement, quelques départements même ne comptent que seize membres dans leurs conseils généraux.

A quelle époque s'assemblent les conseils généraux de département?

Les conseils généraux s'assemblent chaque année à l'époque déterminée par le gouvernement. La durée de leur session ne peut excéder quinze jours.

Qui est-ce qui préside le conseil général de département ?

A l'ouverture de la première séance, les membres, après avoir prêté serment , nomment un d'entre eux pour président, un autre pour secrétaire.

§ VII. Conseils d'arrondissement.

*Quelles sont les attributions des con
seils d'arrondissement ?*

Le conseil d'arrondissement est chargé
de faire la répartition des contributions
directes entre les communes de l'arrondissement ; de donner son avis motivé sur les
demandes en décharge formées par les
communes, sur lesquelles les conseils
généraux de département peuvent seuls
statuer.) Il entend le compte annuel rendu
par le sous-préfet de l'emploi des centimes
additionnels destinés aux dépenses de l'arrondissement. Il est appelé à donner son
opinion sur l'état et les besoins de l'arrondissement, et son avis sur les changements
proposés à la circonscription territoriale.

*Le sous-préfet fait-il partie du consei
d'arrondissement?*

Le sous-préfet assiste aux délibérations
du conseil d'arrondissement. Il y a voix

consultative; mais il ne doit pas paraître aux délibérations qui ont pour objet d'entendre et d'examiner les comptes de dépenses qu'il est tenu de rendre aux termes de la loi.

Par qui sont nommés les membres des conseils d'arrondissement ?

Les membres sont nommés par le roi.

Quel est le nombre des membres des conseils d'arrondissement ?

Dans chaque arrondissement communal, il y a un conseil d'arrondissement ; le nombre des membres qui le composent est fixé à onze.

Qui est-ce qui préside le conseil d'arrondissement ?

Le président est nommé à la première séance, ainsi qu'un secrétaire, par les membres des conseils.

A quelle époque s'assemblent les conseils d'arrondissement ?

Les conseils d'arrondissement s'assemblent chaque année à l'époque déterminée par le gouvernement. La durée de leur session ne peut excéder quinze jours. Mais comme ils doivent répartir entre les communes de l'arrondissement la contribution directe assignée aux arrondissements par les conseils généraux de département, ils s'assemblent d'abord pour procéder aux diverses autres opérations dont ils sont chargés et ils s'ajournent après la session des conseils généraux pour terminer leurs travaux par la répartition dont nous avons parlé.

§ VIII. Conseils municipaux.

Quelles sont les attributions principales des conseils municipaux ?

Les conseils municipaux délibèrent sur les besoins particuliers et locaux des communes qu'ils représentent ; sur les octrois, sur les contributions locales et les centimes additionnels. Ils entendent et peuvent dé-

battre le compte des recettes et des dépenses que doivent rendre les maires ; ils doivent former et arrêter l'état du passif de la
commune; indiquer les moyens d'accroître
son actif. — Le conseil municipal règle le
partage des affouages, pâtures, récoltes et
fruits communs. Il règle la répartition des
travaux nécessaires à l'entretien et aux réparations des propriétés qui sont à la charge
des habitants. C'est sur sa délibération que
sont reconnus, par un arrêté du préfet, les
chemins vicinaux nécessaires à la communication des communes ; il émet son vœu
sur le mode le plus convenable de réparation, et vote dans les limites fixées par la loi
les prestations, soit en nature, soit en argent
pour l'entretien de ces chemins. Enfin il
concourt à la nomination des gardes cham-
pêtres et des gardes des bois communaux ,
par l'approbation qu'il est appelé à donner
aux choix faits par le maire.

*Quelle est la limite posée au droit de
délibérer qu'ont les conseils municipaux ?*

Les conseils municipaux représentant un intérêt purement local, ils ne peuvent délibérer que sur les objets qui regardent les intérêts propres de la commune et les seuls qui leur soient soumis par la loi.

Les délibérations du conseil municipal peuvent-elles être exécutées de droit et par le seul fait de leur existence ?

Les délibérations du conseil municipal ne peuvent être exécutées qu'avec l'approbation de l'autorité supérieure. La seule approbation du préfet suffit, toutes les fois que les délibérations sont relatives à l'administration des biens de la commune, à des constructions, réparations et autres travaux, et que les dépenses doivent être faites au moyen des revenus propres de la commune.

A quelle époque s'assemblent les conseils municipaux ?

L'administration doit convoquer le conseil municipal de la commune, toutes les fois qu'il s'agit de délibérer sur des acquisitions et aliénations d'immeubles, sur des impositions extraordinaires pour dépenses locales, sur des emprunts, sur des travaux à entreprendre, sur les procès à intenter ou à soutenir, sur l'emploi des prix de ventes, remboursements ou recouvrements. Indépendamment même de ces causes, les conseils municipaux s'assemblent de droit, le premier mai de chaque année et peuvent rester assemblés quinze jours. Le préfet a aussi le droit de les convoquer extraordinairement.

Comment se composent les conseils municipaux ?

Dans chaque commune il y a un conseil municipal composé de dix membres, de vingt ou de trente, selon que la population n'excède pas 2,500 habitants, 5,000 habitants, ou excède ce nombre. Mais pour délibérer, il suffit que les deux tiers des membres soient présents.

Par qui sont nommés les membres des conseils municipaux?

Ils sont nommés par le préfet du département, qui a aussi le droit de les suspendre.

Le maire fait-il partie du conseil municipal?

Sans compter dans le nombre des membres fixés par la loi, le maire fait de droit partie du conseil municipal et le préside. Mais il cède la présidence à un des membres, nommé par l'assemblée, lorsqu'il vient à rendre ses comptes. Le conseil municipal nomme également son secrétaire.

S'il s'agissait de voter des centimes extraordinaires, une délibération du conseil municipal suffirait-elle?

Non : lorsqu'il s'agit, pour dépenses urgentes ou autres, de voter des centimes additionnels extraordinaires, il est adjoint au conseil municipal un nombre des plus forts contribuables de la commune, égal à celui des membres du conseil. Et même dans une ville dont les revenus excèdent 100,000 f., les contributions extraordinaires ne peuvent être autorisées que par une loi.

A Paris y a-t-il également un conseil municipal?

C'est le conseil de département qui remplit à Paris les fonctions de conseil municipal.

§ IX. Conseils de répartition.

Quelles sont les fonctions des conseils de répartition?

La répartition de la contribution foncière, assignée à chaque commune par le conseil d'arrondissement, est confiée à un conseil de répartiteurs dans chaque commune.

Quel est le nombre des répartiteurs?

Il est de sept.

De qui se compose le conseil des sept répartiteurs?

Dans les communes de moins de 5,000 habitants, le conseil de répartition se compose du maire et de son adjoint, et de cinq citoyens capables, choisis par l'administration municipale ; dans les autres communes deux membres du conseil municipal et désignés à cet effet, remplacent le maire et l'adjoint.

Quels sont les principaux conseils institués par la loi pour terminer les difficultés qui s'élèvent à l'occasion des opérations administratives?

Les principaux conseils administratifs chargés de toutes les questions contentieuses, qui naissent de l'action de l'administration, sont : les conseils de révision ; — les conseils des prises maritimes ; — les commissions de travaux publics ; — la cour des comptes ; — les conseils de préfecture ; — le conseil d'état.

§ X. Conseils de révision.

Quelles sont les fonctions des conseils de révision ?

Les conseils de révision sont institués pour vérifier, en séance publique, toutes les opérations du tirage au sort des jeunes gens appelés chaque année à compléter les cadres de l'armée ; ils jugent également du mérite des demandes en exemption, dispenses etc.

Où s'arrête le droit des conseils de révision ?

Les décisions des conseils de révision portent et sont définitives sur tout ce qui concerne les opérations dont on vient de parler ; il n'y a exception que pour les cas qui présentent des questions relatives à l'état ou aux droits civils des appelés, questions qui exigent l'intervention préliminaire des tribunaux ordinaires.

Quand ces opérations sont terminées, que font les conseils de révision?

Ils dressent définitivement la liste du contingent de chaque canton; elle est signée et arrêtée par le conseil, qui prononce la libération définitive de tous ceux qui n'y sont pas portés. (1)

Où réside le conseil de révision?

Le conseil de révision se transporte dans les chefs-lieux d'arrondissement ou de canton, suivant les localités. Là il examine et entend les jeunes gens qui, d'après leur numéro, peuvent être appelés à faire partie du contingent.

Comment se compose le conseil de révision dans chaque département?

Le conseil de révision se compose, sous

(1) Voyez l'ouvrage de M. Macarel, page 275, qui rapporte un avis du conseil d'état du 27 juillet 1820, et qui fait des vœux pour que ces décisions ne soient pas définitives.

la présidence du préfet, d'un conseiller de préfecture, d'un membre du conseil général du département, d'un membre du conseil d'arrondissement, et d'un officier général ou supérieur désigné par le roi.

Qui est-ce qui nomme les membres du conseil de révision?

Les préfets sont chargés de désigner, chaque année, le conseiller de préfecture, et les membres des conseils généraux et d'arrondissement, qui font partie des conseils de révision.

§ XI. Conseils des prises.

N'existe-t-il pas des cas où le gouvernement appelle les particuliers à l'aider dans la guerre qu'il fait à ses ennemis?

Oui : c'est lorsqu'il permet aux particuliers d'armer en course des bâtiments pour capturer ceux de l'ennemi. La prise leur appartient comme solde et paiement de leurs frais.

La prise leur appartient-elle toujours et de droit?

Non : le gouvernement, devant régler et diriger toutes les opérations militaires, conserve la haute surveillance sur ces forces partielles qu'il emploie ; il doit décider de la justice de l'expédition. L'armateur en course doit donc faire prononcer la validité de la prise.

Qui est-ce qui prononce cette validité?

Après une grande variation dans cette juridiction (1), par ordonnance royale du 23 août 1815, le conseil des prises résidant à Paris fut supprimé et remplacé par le comité du contentieux du conseil d'état. Cependant ce comité ne juge pas ; il instruit les affaires, et prépare les projets

____

(1) Lois des 14 février 1793, 18 brumaire an II, 4 prairial an VI, 17 mars 1800.

d'ordonnances que le conseil d'état adopte.

Est-ce toujours ainsi que cela se passe ?

Cette juridiction n'a lieu que lorsque la prise est conduite dans un port de France ; si la prise est conduite dans une colonie, c'est une commission coloniale qui juge ; et, si elle l'est dans un port étranger, c'est à la chancellerie du consulat que l'on statue sur la validité, sauf, dans les deux cas, l'appel réservé contre ces décisions devant le conseil d'état.

§ XII. Commissions de travaux publics, ou de desséchement.

Quelles sont les fonctions des commissions de travaux publics ?

Dans les cas urgents, où il serait trop long de recourir aux tribunaux, il est créé sur les lieux une commission spéciale qui est chargée de classer les différentes propriétés dont le sacrifice est exigé, de les estimer, de vérifier l'exactitude des plans

cadastraux ; elle est chargée de la vérification et de la réception des travaux de
desséchements ou autres, et donne son avis
sur le mode le meilleur à suivre pour
l'entretien de ces travaux.

*Par qui sont nommés les commissaires
pour les travaux publics?*

Ils sont nommés par le roi, et choisis
parmi les personnes qui sont présumées
avoir le plus de connaissances relatives,
soit aux localités, soit aux divers objets
sur lesquels ils ont à prononcer.

Quel est le nombre de ces commissaires?

Les commissions de travaux publics se
composent de sept membres ; cinq au
moins sont nécessaires pour prononcer
une décision. Elle doit être motivée.

*Quel recours est ouvert contre leurs
décisions?*

La loi du 16 septembre 1807 est muette
à cet égard mais le recours au conseil

d'état contre les jugements administratifs de première instance, étant une règle générale, il faut dire que c'est à lui que doit ressortir l'appel des décisions des commissions de travaux publics (1).

§ XIII. Cour des comptes.

Quelles sont les principales fonctions de la cour des comptes?

Les fonctions de la cour des comptes consistent dans l'examen de la gestion, et le jugement en premier et dernier ressort des comptes de tous les comptables des deniers publics, en recette et en dépense, c'est-à-dire des receveurs et des payeurs. Elle juge aussi les comptes des recettes et dépenses des fonds et revenus spécialement affectés aux dépenses des départements et des communes dont les budgets sont arrêtés par le roi. Mais, à l'égard des communes dont le roi ne règle pas les budgets,

(1) Avis de M. Macarel, confirmé par la jurisprudence du conseil d'état.

comme ce sont les préfets séants en conseil de préfecture qui règlent leurs dépenses en première instance par des arrêtés spéciaux, la cour des comptes remplit l'office de cour d'appel; ce qui s'étend aussi aux comptabilités d'hôpitaux et établissements de charité. La cour juge encore les comptes généraux de tous les ministères qui sont soumis à la législature; en un mot, elle est établie pour assurer les recettes légales, et l'emploi régulier des fonds publics.

Quel est l'objet des arrêts de la cour des comptes ?

Les questions, sur lesquelles la cour des comptes statue, ont pour objet de fixer l'état de situation des comptables. Elle établit s'ils sont quittes, ou en avance, ou en débet.

Que fait-elle ensuite de cette vérification ?

Suivant les cas, elle prononce la décharge définitive des comptables et ordonne main levée et radiation des opposi-tions et inscriptions hypothécaires, mises sur leurs biens (1), ou elle les condamne à solder leur débet au trésor, dans le délai fixé par la loi.

Quelles sont encore les conséquences de son autorité?

La cour des comptes prononce sur les demandes en réduction (2), en translation d'hypothèques, formées par les comptables encore en exercice, ou par ceux hors de service, dont les comptes ne sont pas définitivement apurés. Elle peut condamner à une amende et à d'autres peines légales, les comptables en défaut ou en retard de présenter leurs comptes.

La cour n'exerce-t-elle pas une juridiction gracieuse?

C'est devant la cour des comptes que tous les comptables, qui en sont justicia-

(1) Voy. art. 2121, 2153 du Cod. civ.
(2) Voy. art. 2161, du Cod. civ.

bles immédiats, font serment de gérer avec probité et fidélité.

Où réside la cour des comptes?

La cour des comptes est une pour tout le royaume; elle réside à Paris.

Comment se compose-t-elle?

La cour des comptes se compose d'un premier président, de trois présidents, dix-huit maîtres des comptes, et quatre-vingts référendaires (dix-huit de première classe, et soixante-deux de seconde) d'un procureur général, et d'un greffier en chef. Elle est ensuite formée en trois chambres, dont chacune est composée d'un président et de six maîtres des comptes. Le premier président peut présider chacune des chambres.

Quelles sont les fonctions des conseillers maîtres des comptes, et des conseillers référendaires?

Ces magistrats se partagent en deux classes; les conseillers référendaires préparent la matière du jugement par une vérification préalable; les conseillers maîtres jugent véritablement les comptes, seuls ils ont voix délibérative.

Par qui sont nommés les membres de la cour des comptes?

Les membres de la cour des comptes sont nommés à vie par le roi; mais les présidents peuvent être changés chaque année.

Quelles sont les principales conditions d'admission à la cour des comptes?

Nul ne peut être président, maître des comptes, ou procureur-général, s'il n'est âgé de trente ans accomplis. Pour être nommé référendaire, il faut être âgé de vingt-cinq ans accomplis. Pour être référendaire de première classe, il faut l'avoir été au moins deux ans de la seconde.

Quelque recours est il ouvert contre les arrêts de la cour des comptes?

Les arrêts de la cour des comptes sont souverains et définitifs. Ils ne peuvent être attaqués que pour violation de formes ou de la loi. C'est le conseil d'état qui remplit, vis-à-vis de cette cour, les fonctions de cour de cassation.

Dans les attributions de quel ministère se trouve la cour des comptes ?

La cour des comptes ressortit au ministère des finances; c'est le ministre chargé de cette partie du service, qui doit suivre l'exécution des arrêts de la cour par l'agent judiciaire établi près de lui.

§ XIV. Conseils de préfecture.

Qu'est-ce qu'un conseil de préfecture?

Un conseil de préfecture est un conseil composé de membres nommés par le roi, placé dans chaque département auprès du préfet, et qui est essentiellement appelé à décider en première instance les questions qui appartiennent au contentieux administratif. Créés par la loi du 28 pluviose an 8, leurs attributions ont été successivement augmentées par les lois et les réglements postérieurs, qui y ont joint aussi quelques fonctions accessoires.

Quelles sont les questions du contentieux administratif, dont les conseils de préfecture se trouvent chargés?

Les matières contentieuses, sur lesquelles les conseils de préfecture sont appelés à prononcer, peuvent être rangées sous cinq classes principales. Les contestations auxquelles donne lieu le recouvrement ou l'assiette des contributions; les difficultés qui s'élèvent à l'occasion de travaux publics, de marchés ou entreprises de fournitures pour les divers services publics; les contestations relatives aux concessions du domaine public, ventes de domaines nationaux, bois de l'état, etc., les contestations qui intéressent spécialement l'administration communale; enfin la dernière classe a pour objet les intérêts de la voirie, de la navigation, et ici la fonction des conseils de préfecture consiste essentiellement à réprimer les contraventions.

Quelles sont les principales décisions, relatives aux contributions, qui doivent émaner des conseils de préfecture?

Les conseils de préfecture prononcent sur les demandes des particuliers, tendantes à obtenir la décharge ou la réduction de leur cote de contribution directe; sur les différends qui peuvent s'élever sur le paiement de la contribution des portes et fenêtres, et sur les réclamations pour obtenir la décharge des contributions personnelles. Les contestations relatives au recouvrement des rôles de répartition, dressés pour les réparations des routes ou pour les travaux de salubrité publique, sont décidées par les conseils de préfecture. Ils prononcent encore sur les contestations relatives aux recouvrements, aux prestations en argent ou en nature, établies pour l'entretien des chemins vicinaux ; ils règlent, sur la demande des communes, les subventions particulières auxquelles peuvent être obligés, pour l'entretien desdits chemins, les propriétaires ou exploitants de mines, forêts, etc., qui, en usant plus souvent, les détériorent davantage, etc.

Quelles sont les principales questions relatives aux travaux publics, marchés, etc., qui ressortissent aux conseils de préfecture ?

Les conseils de préfecture doivent connaître des difficultés qui s'élèvent, entre les entrepreneurs de travaux publics et l'administration, concernant le sens ou l'exécution des clauses de leurs marchés ; des réclamations des particuliers se plaignant de torts ou dommages, procédants du fait personnel des entrepreneurs. Les conseils de préfecture connaissent aussi des demandes et contestations, concernant les indemnités dues aux particuliers, à raison de terrains pris ou fouillés pour la confection de chemins, canaux, etc. Ils règlent enfin les indemnités dues aux propriétaires riverains des grandes routes, pour les occupations de terrains, hors les cas d'expropriation qui ressortissent aux tribunaux civils.

Quelles sont les principales décisions qu'il appartient aux conseils de préfecture de rendre, dans les questions relatives au domaine public?

Le contentieux des domaines nationaux appartient aux conseils de préfecture. Ils terminent les différends entre les communes et les établissements publics relativement aux concessions d'édifices ou rentes faites par l'état. Aux conseils de préfecture sont déférées les diverses difficultés auxquelles donnent lieu les opérations de l'administration forestière (1). Le monopole

(1) Voy. les détails au Code forestier de 1827, art. 26.

du tabac rendant l'administration acheteur vis-à-vis des planteurs, les contestations qui s'élèvent entre eux sont déférées aux conseils de préfecture.

Quelles sont les principales questions contentieuses administratives, dévolues aux conseils de préfecture, en matière d'administration communale ?

Les conseils de préfecture connaissent, (sauf la confirmation par le roi en conseil d'état), des contestations en matière de partage de bois communaux. Les usurpations de biens communaux sont jugées aussi par les conseils de préfecture (pourvu qu'il n'y ait pas question de propriété, qui appartiendrait aux tribunaux ordinaires), etc.

Dans quels principaux cas la répression des contraventions dans les matières qui intéressent le service public appartient-elle aux conseils de préfecture ?

Il est statué définitivement en conseil

de préfecture sur les contraventions en matière de grande voirie. Telles sont les contraventions aux réglements qui déterminent la largeur des jantes pour les roues de voiture ; l'excès de chargement, longueur des essieux et en général tout ce qui concerne la police du roulage. Les conseils de préfecture répriment les anticipations commises sur la largeur des chemins vicinaux. Ils jugent les contraventions aux lois sur les servitudes imposées aux citoyens pour la défense des places fortes, etc.

Le conseil de préfecture est-il toujours juge administratif : lorsque les lois défèrent la connaissance d'une question au préfet en conseil de préfecture , est-ce ce conseil qui donne la décision ?

Non : dans certaines opérations administratives qui demandent une certaine maturité dans les résolutions, une certaine solennité dans les formes, le conseil de préfecture est appelé à ouvrir un avis, mais le préfet, comme seul administrateur,

comme seul chargé de procurer l'action
de l'administration dans le département,
est seul appelé à donner la décision, pour
laquelle il est maître de suivre ou de ne pas
suivre l'avis du conseil de préfecture. (1)
C'est ainsi que le préfet autorise en conseil
de préfecture, après délibération des conseils municipaux et l'enquête *de commodo
et incommodo*, les acquisitions, aliénations,
échanges ayant pour objet les chemins
communaux lorsque la valeur n'excède pas
3,000 francs, etc. Il arrête en conseil de
préfecture les comptes des receveurs des
hospices, hôpitaux. C'est ainsi encore qu'il
statue en conseil de préfecture sur toutes
les réclamations qui seraient formées contre la liste des jurés ; de même sur les de-

(1) M. Macarel, dans son ouvrage *Des Juges administratifs*, p. 46, remarque que les lois et réglements généraux inclinent depuis quelque temps à ne
donner aux conseils de préfecture que le caractère de
simples conseils ; mais, dit-il, cela est évidemment
contraire à l'esprit de leur création. (Voy. ci-dessus,
pag. 22.)

mandes de tout individu qui croirait devoir se plaindre de quelque erreur com-
mise à son préjudice dans la rédaction
des listes électorales; l'intervention des
électeurs réclamant pour ou contre un nom
omis ou inscrit, ressort également au préfet
en conseil de préfecture. (Loi du 2 juillet,
1828, art. 12, 13, 14, 18.)

*Les conseils de préfecture n'exercent-
ils pas aussi des fonctions purement
consultatives ?*

Oui : l'administration supérieure peut
recourir, lorsqu'elle le juge utile, aux lu-
mières des conseils de préfecture qui,
placés sur les lieux, sont souvent plus à
même de connaître la matière qu'il s'agit
d'éclaircir. (1) Ainsi le préfet prend l'avis
du conseil de préfecture sur les réclamations relatives au cadastre. Le conseil de

(1) M. De Gérando, *Instit. du droit administ. en
France*, pag. 255, dit : « que rien ne constitue pour
» l'administration supérieure une obligation de re-
» courir ici aux avis des conseils de préfecture. »

préfecture donne son avis sur les opposi-tions formées aux demandes d'autorisation pour les manufactures insalubres ou in-commodes de première classe.

Les conseils de préfecture ne sont-ils pas aussi appelés à exercer une espèce de tutelle administrative sur les com-munes et les établissements publics ?

Oui : ils interviennent comme des conseils de famille en quelque sorte, pour accor-der ou refuser aux communes et établis-sements publics, l'autorisation de plaider. Les créanciers des communes ne peuvent intenter contre elles aucune action, avant d'avoir obtenu par écrit la permission du conseil de préfecture. Ainsi encore l'auto-risation du préfet, pour les transactions des communes, doit être donnée d'après l'avis du conseil de préfecture. Dans ces cas, comme dans ceux que nous avons examinés aux deux questions précédentes, les conseils de préfecture ne sont aucune-ment appelés à juger des questions conten-

tieuses, ils éclairent seulement l'administration de leurs avis et de leurs délibérations.

Comment se composent les conseils de préfecture ?

Les membres des conseils de préfecture sont nommés par le roi, leur nombre varie selon les départements.

Le préfet en fait-il partie ?

Le préfet est membre de droit du con-
seil de préfecture, il le préside, et à voix prépondérante en cas de partage.

§ XV. Conseil d'état.

Qu'est-ce que le conseil d'état ?

Le conseil d'état est le haut tribunal de l'administration auquel ressortissent, soit principalement par voie d'appel, soit aussi quelquefois par dévolution en première instance, toutes les questions contentieuses administratives; mais il est aussi investi en sa qualité de conseil du monarque, de fonctions purement consultatives. (1)

Quelles sont les principales fonctions consultatives, dont le conseil d'état est chargé?

Le conseil d'état est le conseil du gouvernement du roi, il prépare les projets de lois qui sont soumis aux chambres, et

(1) Remarquons que, même pour le contentieux, les délibérations du conseil d'état n'auraient aucun effet, ne seraient point exécutoires, si elles n'étaient revêtues de la signature du roi et du contre-seing d'un ministre. Le roi seul est ce haut tribunal administratif; tout ce qui précède la signature royale n'a d'autre caractère que celui d'un avis; les arrêts que le conseil d'état rend dans les matières contentieuses, ne sont donc pas véritablement les siens, ce sont simplement des avis que le roi adopte, mais qu'il serait aussi maître de rejeter. Voilà quant au droit; quant au fait, il n'est pas en cette matière une seule délibération du conseil d'état que le roi ait refusé de signer et de se rendre propre. (Voy. M. Macarel, sect. 4, du conseil d'état, et M. Cormenin, *Questions de droit administratif*, pag. 7, tom. 1.)

les ordonnances royales qui ayant été délibérées en assemblée générale, portent dans leur préambule ces mots : *notre conseil d'état entendu.* Des lois particulières ont prescrit encore l'intervention du conseil d'état dans certains actes, pour lesquels l'administration doit prendre son avis, par exemple : sont rendues en conseil d'état les ordonnances royales ayant pour objet la cession à l'état, ou à une commune, de maisons ou bâtiments dont il est nécessaire d'enlever ou faire démolir une portion pour cause d'utilité publique ; les plans généraux des alignements pour l'ouverture ou l'élargissement des rues dans les villes ; les concessions pour l'exploitation des mines, ainsi que les autorisations pour leur vente ou leur partage ; la permission pour l'établissement des manufactures et ateliers insalubres de première classe, etc., etc.

Le conseil d'état n'exerce-t-il pas aussi une tutelle administrative, soit sur la fortune publique, soit sur les communes et établissements publics?

Oui : ainsi c'est en conseil d'état que sont accordées les autorisations nécessaires pour les échanges d'immeubles avec l'état, pour l'emploi ou placement à faire par les communes, hospices, de capitaux excédants 2,000 fr., et encore pour les procès à intenter, ou à soutenir par les communes, hospices, etc., parce qu'il y a recours au conseil d'état contre les arrêtés des conseils de préfecture rendus en cette matière ; pour les baux à longues années de biens ruraux appartenants aux communes, hospices, etc. ; pour l'acceptation des dispositions entre-vifs ou testamentaires au profit de tout établissement d'utilité publique ou d'associations religieuses reconnues par la loi ; pour l'établissement de sociétés anonymes, tontines, sociétés d'assurance, etc., etc.

Quelles sont les principales questions

du contentieux administratif soumises au conseil d'état?

Au conseil d'état appartiennent les questions de compétence entre les départements du ministère; l'annulation des actes irréguliers des autorités administratives ; le conseil d'état connaît en général de toutes les contestations ou demandes relatives, soit aux marchés passés avec les ministres ou en leur nom, soit aux travaux ou fournitures faits pour le service de leurs départements respectifs, pour le service personnel du roi ou de ses maisons. Il y a recours direct au conseil d'état contre les décisions des préfets en conseil de préfecture , dans toutes les matières contentieuses ; quant aux décisions rendues par le préfet seul, le recours n'est ouvert qu'après que le ministre dans les attributions duquel se trouve la matière, a prononcé préalablement. Il y a toujours recours au conseil d'état, contre les décisions des conseils de préfecture, soit pour incompétence , soit pour mal jugé au fond , soit pour vice d'instruction, soit pour violation des formes ou de la loi , etc. , etc. Ainsi les questions contentieuses n'arrivent au conseil d'état , en général, que par l'appel.

Le conseil d'état n'est-il pas appelé à régler la compétence entre les autorités judiciaire et administrative?

Oui : le conseil d'état prononce sur la revendication faite par l'administration d'une question qu'elle prétend être attribuée par la loi à l'autorité administrative , et qui aurait été portée devant les tribunaux ordinaires ; c'est ce qu'on appelle un conflit positif; il prononce de la même manière dans le cas où les tribunaux et l'administration se déclareraient à la fois incompétents; dans ce cas, il y a conflit négatif.

Le maintien de la limite entre les deux autorités judiciaire et adminis-trative, n'a-t-il pas donné au chef su-

prême de l'état le droit d'autoriser la
mise en jugement des fonctionnaires
administratifs, ou de la refuser?

Oui : le roi en conseil d'état accorde ou
refuse l'autorisation nécessaire pour la
mise en jugement des fonctionnaires et
agents du gouvernement. La haute police
administrative qu'exerce le chef suprême
de l'état, lui donne encore le droit de
faire examiner par le conseil d'état, la
conduite d'un fonctionnaire inculpé.

*Quelles sont les autres fonctions du
conseil d'état, relativement aux questions
dans lesquelles la décision se fonde en
général sur les règles du droit public?*

Par le motif de l'indépendance du gouvernement français, aucune bulle, bref,
rescrit ou autre expédition de la cour de
Rome, même à des particuliers, ne peuvent être reçus, publiés ou imprimés sans
l'autorisation donnée par le conseil d'état.
Il y a recours au conseil d'état, dans

tous les cas, d'abus de la part des supérieurs ou autres personnes ecclésiastiques; également s'il est porté atteinte à l'exercice public du culte et à la liberté que la charte et les lois garantissent, soit aux ministres, soit aux coréligionnaires, etc., etc. Les prérogatives attachées à la qualité de citoyen français, comme l'importance des questions d'état de personnes, appellent aussi la haute surveillance de l'administration; ainsi sont accordées par le roi en conseil d'état, l'admission aux droits de citoyen français, des étrangers qui ont rendu des services importants à la France; les autorisations pour changements de noms; les lettres de déclaration de naturalité dans les divers cas prévus par les lois.

Comment se compose le conseil d'état?

Le conseil d'état se compose des princes de la famille royale, lorsque le roi les y appelle; des ministres d'état, également

lorsque le roi les y appelle ; de conseillers
d'état et de maîtres des requêtes.

*N'existe-t-il pas des conseillers d'état,
de différents ordres ?*

Il y a des conseillers d'état en service
ordinaire et des conseillers d'état en service extraordinaire; il y a également des
conseillers auditeurs de première classe et
de seconde classe. Pour les maîtres des
requêtes, le service est également divisé
en ordinaire et extraordinaire.

*Qu'entend-on par service ordinaire et
service extraordinaire ?*

Le service ordinaire se compose des
conseillers et maîtres des requêtes, ou
conseillers auditeurs attachés aux travaux
intérieurs et habituels des comités; les
autres membres du conseil d'état en service extraordinaire, sont ceux qui sont
chargés de diverses autres fonctions administratives, mais qui ne participent pas
aux travaux habituels.

Combien y a-t-il de comités au conseil d'état?

D'après l'ordonnance royale du 5 novembre 1828, il y a quatre comités. 1º Le comité de la justice et du contentieux. 2º Le comité de la guerre et de la marine. 3º Le comité de l'intérieur et du commerce. 4º Le comité des finances.

Dans les comités, lorsque l'on délibère, tous les membres ont-ils voix?

Non : les conseillers d'état seuls, ont voix délibérative; les maîtres des requêtes n'ont que voix consultative; les auditeurs ne font qu'assister. Le temps pendant lequel ils sont attachés au conseil d'état est un temps de stage et d'épreuve.

Le conseil d'état n'a-t-il pas un secrétaire général? quelles sont ses fonctions?

Le conseil d'état a un secrétaire-général. Ses fonctions sont de tenir la plume aux assemblées du conseil-d'état, de contresigner les avis, de garder les minutes des délibérations; de délivrer et signer les expéditions et extraits.

Par qui sont nommés les membres du conseil d'état?

Les membres du conseil d'état sont nommés par le roi. Ils sont révocables à volonté par ordonnance spéciale et individuelle.

Quelles sont les principales conditions d'admission au conseil d'état?

Pour être nommé conseiller d'état, il faut avoir trente ans. Pour être maître des requêtes, il faut être âgé de vingt-sept ans. De plus pour l'une et l'autre place, il faut avoir rempli certaines fonctions publiques (ordonnance du 26 août 1824). Nul ne peut être nommé auditeur de première classe, s'il n'est licencié, âgé de 24 ans, et s'il n'a été auditeur de seconde classe, deux ans, au moins; pour être de la seconde classe, il faut avoir vingt et un ans.

Quelles sont les formes de procéder devant le conseil d'état?

Un réglement du 22 juillet 1806, a déterminé les formes de la procédure; c'est un code particulier. Il y a des avocats aux conseils du roi qui le sont en même temps à la cour de cassation : leur nombre est de soixante. Les affaires au conseil d'état ne s'instruisent que par écrit; daus l'intérieur du conseil d'état, elles sont mises au rapport, préparées et discutées; les séances du conseil d'état sont secrètes, le public n'y est jamais admis (1).

(1) Voyez Macarel, pag. 310, n° 158.

DEUXIÈME PARTIE.

MATIÈRES ADMINISTRATIVES.

Chapitre premier.

Rapports mutuels de l'administration et des administrés qui dérivent des intérêts politiques de l'état.

§ I. Forces militaires. — Armée de terre.

Les lois, dans l'intérêt de la sûreté, tant intérieure qu'extérieure de l'état, n'appellent-t-elles pas, suivant les circonstances, tous les citoyens qui en sont capables, à porter les armes?

Oui : tous les citoyens sont appelés à former une garde nationale, et en cela, la

*

loi leur défère un honneur autant qu'elle leur impose un devoir. La garde nationale est employée au maintien de l'ordre dans l'intérieur du royaume, à la défense des frontières et des côtes; de-là, un double service : la garde nationale est sédentaire, ou mobile; dans cette dernière classe se trouvent naturellement les célibataires et les plus jeunes hommes. Le roi nomme les officiers. La garde nationale mobile mise en activité militaire, est sous les ordres des commandans en chef; dans le service sédentaire, les maires, sous-préfets et préfets, ont l'inspection et la direction de la garde nationale.

La loi n'appelle-t-elle pas plus spécialement à former un corps d'armée, proprement dit, les jeunes gens d'un certain âge?

Oui : en cas d'insuffisance des engagemens volontaires, l'armée se recrute par l'appel annuel des jeunes gens ayant atteint leur vingt et unième année. Une

ordonnance royale fixe chaque année , le
contingent à fournir ; ce nombre est ré-
parti entre les départements proportion-
nellement à leur population ; l'examen et
la désignation de chaque contingent can-
tonnal , sont ensuite faits devant le sous-
préfet , en présence des maires , et l'appel
est définitivement fourni par un tirage au
sort. Toutes ces opérations sont ensuite
revues par un conseil de révision. (Voyez.
pag. 68.) Enfin , la servitude imposée du
service militaire est bornée à huit ans ,
dans quelque corps que ce soit , tant pour
les jeunes gens appelés par le sort , que
pour ceux qui s'engagent volontairement.

*Le logement et le casernement des
troupes de passage ou en garnison, n'im-
posent-ils pas quelques servitudes aux
citoyens ?*

Les militaires employés, militaires mar-
chant avec feuille de route, en corps , en
détachement ou isolément ont droit à être
logés chez l'habitant , sans indemnité ;

quoique les hôtes ne doivent jamais être délogés de la chambre ou du lit où ils ont coutume de coucher, ils ne peuvent se soustraire à la charge du logement selon leurs facultés; quelquefois même l'impossibilité se résout dans le payement d'une somme fixée par le maire de la commune. — L'administration municipale veille surtout à cette branche du service; elle fait la répartition de cette charge sur chaque citoyen tour-à-tour, sans distinction de personnes, quelles que soient leurs fonctions et leur qualité. Quant aux casernements, les communes fournissent aux dépenses qu'ils occasionent et à celle des lits militaires, au moyen d'un abonnement, qui ne peut dans aucun cas s'élever au-dessus de sept francs par homme et trois francs par cheval pendant la durée de l'occupation, au moyen de quoi, toutes les dépenses sont faites par le gouvernement. Les conseils municipaux peuvent demander que cet abonnement soit converti en un abonnement fixe, ou une fraction constante des produits de l'octroi, sur quoi le roi statue sur le rapport des ministres de l'intérieur, de la guerre et des finances.

La défense des places fortes n'impose-t-elle pas aussi soit aux communes, soit aux particuliers, des servitudes qui subsistent même en temps de paix?

Oui : ainsi non-seulement le sol des fortifications et les abords doivent être exclusivement consacrés à la défense, ce qui les doit faire entrer dans le domaine de l'état et les empêche d'être susceptibles de propriété privée, (1) mais encore il est nécessaire qu'une certaine étendue de terrain à l'entour des fortifications, soit extérieurement, soit intérieurement, demeure libre pour les manœuvres des troupes, pour le jeu de l'artillerie, et ne puisse protéger la marche ou les attaques de l'en-

(1) Cod. Civ., art. 540, 541.

nemi , par les constructions que l'on pourrait y élever. Les principales mesures pour parvenir à ce but sont : qu'il ne doit être fait aucun chemin, levée ou chaussées, ni creusé aucun fossé dans l'étendue de 500 toises autour des postes militaires, sans que leur alignement et leur position aient été concertés avec l'autorité militaire ; que l'on ne peut bâtir ni reconstruire aucune maison, ni clôture de maçonnerie autour des places fortes de première et deuxième classe plus près qu'à 250 toises ; que dans toute place en état de guerre, sur l'ordre du ministre ou du général en chef, les maisons dans l'intérieur ou à l'extérieur de la place, qui gêneraient la circulation des troupes et de l'artillerie ou qui couvriraient et abrégeraient les travaux d'approche de l'ennemi, peuvent être démolies. Le tout sous la condition de certaines indemnités soit pour cause de démolition, soit pour cause de privation de jouissance.

A l'égard des munitions de guerre,

la nécessité d'avoir les matières propres à leur fabrication, et les précautions à prendre soit pour en être toujours suffisamment pourvu, soit pour empêcher le transport à l'ennemi, n'appellent-elles pas la direction et la surveillance de l'autorité?

Oui : et d'abord à l'égard des poudres, elles ne peuvent être fabriquées que pour le compte de l'état, sous la direction et la surveillance de l'administration chargée de cette partie du service ; toute vente de poudre de guerre est interdite ; il est défendu à tout citoyen d'avoir chez lui plus de cinq kilogrammes de poudre. Quand aux matières qui entrent dans la fabrication des poudres, les fouilles qui avaient lieu chez les citoyens pour extraire des terres enlevées du salpêtre, ont été remplacées par l'attribution faite au gouvernement des matériaux de démolition ; et le bois de bourdaine pour la confection du charbon, propre à la fabrication de la poudre est également réservé à l'état ; à cet effet les commissaires préposés à cette partie du

service, sont autorisés à faire les recher-
ches et coupes des bois de bourdaine dans
tous les bois dont les coupes sont adjugées.
Enfin une autre servitude, dont le mode
est plus extraordinaire, dont la surveillance est spécialement confiée aux autorités administratives, préfets, maires, etc.,
est que dans les cas urgents, sur la demande
de l'autorité militaire, les villes, communes, peuvent être astreintes à des fournitures et paiements en nature; dans ces
cas, la réquisition désigne le lieu où elle
doit être exercée, l'espèce, la quantité des
objets requis, le délai du paiement.

§ II. Marine.

*Comment se remplissent les cadres de
l'armée navale, quel est son mode de recrutement?*

L'armée navale comme l'armée de terre
se recrute par deux modes, l'un volontaire,
l'autre obligé. A cet effet il y a une in-

scription maritime pour tous les français qui se destinent à la navigation ; y sont compris les marins de profession, même sur les bâtiments de commerce; ceux qui font la navigation de la pêche en mer ou sur les côtes; ceux qui naviguent sur allèges, bateaux ou chaloupes, dans les rades et rivières jusqu'au point où remonte la marée. Tout marin inscrit, à défaut de suffisance des inscriptions volontaires, est tenu de servir sur les bâtiments et dans les arsenaux du roi toutes les fois qu'il en est requis. Il y a des arrondissements maritimes entre lesquels sont réparties les levées d'hommes nécessaires ; dans chacun de ces arrondissements, les marins sont distribués en quatre classes. La première comprend les célibataires, la seconde les veufs sans enfants, la troisième les hommes mariés et n'ayant point d'enfants, la quatrième les pères de famille. La seconde classe n'est mise à réquisition, que lorsque la première est épuisée, il en de même à l'égard des troisième et quatrième classes.

11

La grande importance de la naviga-
tion, soit relativement au commerce, soit
sous le rapport des communications avec
les nations, n'a-t-elle pas appelé la di-
rection et la haute surveillance de l'ad-
ministration ?

Oui : la sûreté de l'état, l'exécution des
réglements de commerce et de douanes,
ont imposé diverses conditions aux mou-
vements des navires, lorsqu'ils veulent
entrer dans les ports de France ou lorsqu'ils veulent en sortir. Ainsi tout capitaine
de navire entrant dans un port de France
est obligé de remettre à la douane dans
les vingt-quatre heures, différents papiers
dont les principaux sont : le rapport de
mer, le manifeste, la déclaration en gros,
chartes - parties , connaissements , etc.
Aucun navire français, quelque soit son
tonnage ne peut prendre la mer sans être
muni d'un congé. Les navires étrangers
doivent être munis de passeports. Ainsi
encore les préposés des douanes surveil-
lent tous les bâtiments étant à l'ancre

ou louvoyant dans le rayon de quatre lieues des côtes de France ; ils peuvent les visiter, et toute marchandise prohibée en France doit être confisquée. Enfin les difficultés et les dangers que présente l'entrée des ports, rades, etc, ont fait instituer des pilotes lamaneurs, tout bâtiment doit en avoir un à bord lorsqu'il entre ou qu'il sort.

L'intérêt que le gouvernement doit prendre à la marine n'a-t-il pas fait accorder aux navires français certains priviléges à l'exclusion des navires étrangers

Oui : ces mesures ont pour objet, soit de placer ces navires sous la protection de l'état, soit de favoriser et d'étendre le commerce.

Quels sont les principaux priviléges accordés aux bâtiments français ?

Les priviléges réservés dans les ports de France à la navigation française, consistent dans le droit de faire exclusivement le cabotage entre les ports de France ; le droit de pouvoir seuls faire le transport entre la métropole et les colonies ; les navires français ont le droit d'importer en franchise le produit de leur pêche ; dans certains autres cas la franchise consiste dans la réduction des droits qui affectent le corps des navires. Ils jouissent encore d'une réduction proportionnelle du droit d'entrée sur toute espèce de marchandises et particulièrement sur celles apportées des pays hors d'Europe.

Quelles sont les principales conditions pour jouir des priviléges accordés à la marine française ?

Le navire qui réclame les priviléges accordés à la marine française doit avoir été construit en France ou dans les colonies ; il doit appartenir entièrement à des Français ; les officiers et les trois quarts des gens de l'équipage doivent être Français, enfin le navire lui-même doit être francisé.

Comment se constate la francisation d'un navire ?

Par un brevet délivré au nom du roi et signé par le ministre des finances. Ce brevet qui donne un nom au navire, l'autorise à prendre le pavillon national. Sa qualité de Français lui permet dès-lors de réclamer à l'étranger la protection accordée à la marine française, ainsi que la jouissance des indemnités qu'assurent les traités conclus par le roi.

§ III. Consuls ou ambassadeurs.

Qu'est-ce qu'un consul ou ambassadeur ?

Les consuls ou ambassadeurs sont des agents administratifs, nommés par le roi, envoyés dans les cours étrangères pour y représenter le gouvernement français.

Quelles sont leurs principales fonctions ?

Les consuls forment une agence de communication officielle entre le gouvernement français et les gouvernements auprès desquels ils résident. Ils correspondent avec le ministre des affaires étrangères. Jusquelà leurs attributions rentrent plus spécialement dans la politique ; mais ils sont appelés à protéger les sujets français qui voyagent ou résident dans les pays étrangers ; ils sont appelés à surveiller l'exécution pour ces mêmes sujets, des différentes lois dont les dispositions les atteignent, même hors du royaume. Enfin leur signature sur certains actes leur donne un caractère d'authenticité (1).

(1) A cet égard on peut consulter nos codes. Ainsi les art. 48, 60, etc., du Code civil; les art. 234, 244, 416, entre plusieurs autres, au Code de commere.

Chapitre deuxième.

Rapports mutuels de l'administration et des administrés qui dérivent de la tutelle administrative.

Sur quoi s'exerce la tutelle administrative ?

La tutelle administrative n'existe pas sur les citoyens individuellement, elle ne s'exerce que sur des masses formées par une circonscription légale du territoire, ou sur des institutions considérées ou comme corps composés de particuliers réunis, ou comme établissements agissant sur le public qu'ils appellent à recueillir directement les effets de leur existence. Ainsi les départements, les communes, les villes, forment des communautés, lorsqu'on les considère abstractivement; les établissements publics, qui sont destinés à l'usage et au service de tous les citoyens, existent indépendamment de ceux qui les régissent; les corporations, peuvent être vues comme des êtres moraux réunissant des membres sous les mêmes statuts, mais se perpétuant alors même que les membres viennent à changer.

Déterminez ce qu'on entend par tutelle administrative ?

L'administration doit d'abord être instruite de l'existence de toutes ces communautés qui forment des sociétés particulières au sein de la société générale ; elle doit par conséquent connaître les conditions de leur existence. Une fois reconnues et créées, elle doit veiller à leur perpétuation et les empêcher de changer de nature. De là, deux principaux ordres de vue : tutelle administrative sous un point de vue moral ou politique ; tutelle administrative sous un point de vue économique.

Pourquoi la tutelle administrative est-elle établie sous un point de vue moral ou politique ?

L'administration qui représente la volonté de tous, mise en exécution, veille au maintien de la stabilité et du bon ordre dans la société. Lors donc qu'une association peut donner à ses membres une autre direction, une autre volonté que le but général, que la volonté de tous, que ce nouveau corps par la réunion des forces individuelles, peut devenir dangereux, elle doit l'empêcher de naître. De là, la nécessité de connaître d'avance les formes, les conditions, les moyens de son existence ; de là, le droit d'autoriser ou de défendre, de favoriser ou d'arrêter sa création. De même, l'administration doit reconnaître quels effets produira dans la société, tout établissement public qui est destiné au service et à l'usage de tous les citoyens ; elle doit préjuger ses effets moraux ou physiques, et empêcher le mal dans sa cause.

Pourquoi la tutelle administrative est-elle établie sous le point de vue économique?

Toute communauté, tout établissement public étant un être indépendant de ceux qui le régissent ou de ceux qui jouissent des revenus de la fortune commune, ceux-ci ne doivent pas compromettre l'existence future de l'établissement ou de la communauté, par des dépenses excessives et de mauvaises opérations. N'ayant pas plus de droit que ceux qui les ont précédés, ils doivent laisser à leurs successeurs la même source de richesse ou de jouissance; l'administration alors intervient pour surveiller à chaque instant la gestion et pour défendre contre l'intérêt du moment les droits égaux des appelés pour l'avenir.

§ I. Tutelle administrative sur les départements.

Comment existe de fait la tutelle administrative sur les départements?

L'administration générale qui s'étend sur tous les départements, comprend l'exécution des lois et des réglements applicables au royaume entier et à la gestion des intérêts de l'état entier, en tant qu'ils doivent s'accomplir et s'exercer sur le territoire du département. Mais le département a une existence civile et indépendante; il peut être propriétaire, il a sa fortune, ses revenus; de même que des circonstances locales, des besoins spéciaux, demandent des mesures spéciales et propres à cette partie de la grande famille de l'état. Déjà, d'après ce que nous avons dit plus haut, on sent le besoin de l'intervention d'une puissance plus élevée, une, et générale, qui veille à une convergence continuelle vers le bien de tout l'état, de la part de toutes ces forces et de toutes ces existences indépendantes. C'est pourquoi l'administration surveille toujours les opérations des autorités constituées dans le département, soit sous le rapport politique et moral, soit sous le rapport économique.

En quoi consiste en général cette tutelle administrative sur les départements?

Elle reconnaît d'abord l'existence du département, elle en pose les limites invariablement, ce qui conduit, soit à tracer l'étendue sur laquelle doit agir l'administrateur et prévenir tout conflit de pouvoir, soit à former d'une manière légale une aggrégation de citoyens, une communauté. Cette communauté a dès-lors des intérêts collectifs, locaux, déterminés. La haute administration conserve la direction et la surveillance des actes du préposé à l'administration de ce corps. C'est une tutelle. Elle consiste soit dans le redressement ou l'annulation de tout acte illégal ou mauvais de la part des fonctionnaires, soit dans le droit de révoquer les fonctionnaires eux-mêmes. Sous le point de vue économique quelques exemples généraux feront sentir l'action immédiate de cette tutelle. Non-seulement elle a posé des conseils spéciaux, pour avoir des avis plus sûrs et plus désinté-

ressés (1); mais encore les impositions extraordinaires qu'ils votent pour les achats
d'édifices, reconstructions, etc, ne sont et
ne peuvent-être établis sur le département
qu'en vertu d'une loi. Ainsi, encore le
budget des dépenses départementales dis-
cuté à la cour des comptes, est arrêté par
le roi, à l'exception de quelques dépenses,
qui sont arrêtées par le ministre de l'intérieur. Enfin, pour les dépenses des routes
départementales, leur entretien, ou les
demandes des départements pour en
ouvrir de nouvelles sont approuvées par
le roi, sur l'avis des conseils généraux, du
directeur général des ponts et chaussées et
du ministre de l'intérieur.

*Une certaine latitude n'est-elle cepen-
dant pas accordée à l'administration locale du département ?*

Il aurait été absurde que la marche de

(1) Voir l'art. des conseils généraux des départements, pag. 56.

cette administration fût sans cesse arrêtée par des autorisations à obtenir; de même que les grands intérêts dont il s'agit en général, devaient imposer moins de scrupule pour l'abandon de ceux qui ne l'étaient pas entre les seules mains des administrateurs du département. Aussi tous les projets, autres que ceux de nouvelles routes, lorsque la dépense totale ne doit pas excéder 20,000 fr., sont dispensés de l'autorisation ministérielle.

§ II. Tutelle administrative sur les communes.

Comment se forme une commune?

La commune se forme par une réunion de personnes, associées par la communauté des droits et des intérêts, par le voisinage des habitations et des propriétés, dans une ville, un bourg ou un village, dans l'enceinte du territoire qui lui est assigné. Son existence est reconnue et prononcée par l'autorité royale. Les communes ont chacune leur nom distinctif, et n'en peuvent changer, sans l'autorisation expresse du roi. Enfin, les communes se comportent, pour ce qui concerne leur patrimoine, comme les personnes privées, avec cette distinction, qu'elles sont assimilées à des mineurs; et l'administration supérieure est chargée de leur tutelle.

Comment existe la tutelle administrative sur les communes?

La tutelle des communes appartient essentiellement à l'autorité royale; cependant, l'intervention de la loi est quelquefois nécessaire, et les hautes et importantes occupations de l'administration supérieure ont fait simplifier et abréger les formes, lorsque l'objet le permettait. Aussi l'autorisation du ministre, du préfet même, et du conseil de préfecture, en certains cas, a paru suffisante. Remarquons même qu'en descendant dans les différents ordres de la vaste hiérarchie politique du royaume, la tutelle de la haute administration ne

s'exerce souvent que d'une manière mé-
diate sur les degrés inférieurs, et qu'il est
cependant toujours vrai de dire qu'elle
exerce la tutelle sur tous les degrés, puisque la partie des fonctions de tutelle
déléguée aux différents degrés supérieurs à
celui sur lequel la tutelle pèse, est toujours exercée sous ses ordres, sous sa surveillance immédiate.

*Que comprend, considérée sous un
point de vue général, la tutelle administrative sur les communes?*

A l'égard des communes, la tutelle du
gouvernement comprend, d'une part, cet
avenir indéfini qui appartient à une corpo-
ration qui se perpétue, et, d'une autre part,
des vues politiques et d'ordre public, qui
doivent concilier le bien-être d'une portion
de la société avec les intérêts de la société
toute entière.

*En quels cas principaux la loi inter-
vient-elle dans la tutelle des communes?*

Ce n'est qu'en vertu d'une loi spéciale que les taxes et contributions locales au profit d'une commune, peuvent être établies. Les villes, dont les revenus excèdent 100,000 f. ne peuvent emprunter, ni s'imposer aucune contribution extraordinaire, qu'en vertu d'une loi.

Quelle est la partie de tutelle retenue par la haute administration ?

Sont autorisés par le gouvernement, les acquisitions, aliénations, échanges de maisons, terrains communaux, les emprunts pour les communes, dont les revenus n'excèdent pas 100,000 f. Aucun legs, aucune donation, etc., ne peuvent être acceptés par une commune qu'en vertu d'une ordonnance royale.

Quels sont les principaux cas, où le préfet, ou le conseil de préfecture, interviennent pour la tutelle des communes ?

Le préfet du département approuve les budgets des communes, ayant un revenu inférieur à 3o,ooo f. Le ministre de l'intérieur, est chargé d'arrêter ceux des communes qui ont un revenu depuis 3o,ooo jusqu'à 1oo,ooo f. Dès que les revenus excèdent cette somme, les budgets des communes sont soumis à l'approbation royale. Le préfet peut encore autoriser l'acceptation des legs et donations pour les communes, lorsqu'ils n'excèdent pas la somme de 3oo f. C'est sous la surveillance et l'inspection des préfets, que les conseils municipaux sont chargés de régir les biens des communes, d'administrer les biens qui sont spécialement destinés à l'usage et au service des citoyens dont elle est composée. Quant aux conseils de préfecture, ils sont seuls chargés d'autoriser les communes à intenter ou soutenir les procès, à suivre une action (sauf le recours au roi en conseil d'état). Ils sont encore chargés d'approuver, rejeter ou modifier les délibérations des conseils municipaux, relatives au mode de jouissance des biens communaux (sauf encore recours au conseil d'état) qui, même en cette matière, doit toujours connaître l'avis du conseil de préfecture.

Qu'entend-on par biens communaux ?

Les biens communaux sont ceux à la propriété ou au produit desquels, les habitants d'une commune, ou de plusieurs communes, ont un droit acquis. Ainsi, les bois, terrains, paturages, etc., les édifices où logent les autorités et que les villes ont justifié avoir bâtis à leurs frais, les hôtels de ville; les églises, presbitères, sont également considérés comme propriétés communales. Les bâtiments servant de casernes, hôpitaux, tribunal, ou maison d'instruction, peuvent aussi faire partie des propriétés communales.

Comment sont administrés les biens communaux; s'ils produisent des fruits ou des revenus, comment s'en fait la répartition?

Les conseils municipaux sont chargés

de pourvoir à la meilleure administration des biens des communes. Ils sont chargés de régler et déterminer les répartitions qui peuvent être faites de leurs fruits et revenus. La jouissance de ces biens doit être répartie par feux, entre tous les individus, chefs de famille, et domiciliés dans la commune. Les partages d'affouages, patures, récoltes et fruits communs, sont également réglés par les conseils municipaux. A cet effet, des rôles de répartition sont dressés, les réclamations sont portées aux conseils de préfecture.

§ III. Tutelle sur les établissements publics.

Quels sont les principaux établissements publics dont s'occupe le droit administratif, sous le rapport de tutelle qu'exerce, à leur égard, l'administration?

Ce sont les établissements religieux ; les cultes ; les établissements d'instruction ; les établissements d'humanité. La haute placé que l'esprit religieux occupe chez tous les peuples, et les formes diverses sous lesquelles il se développe et vient à l'existence du culte extérieur; l'importance des maisons où l'on élève les citoyens; enfin, le bon ordre et la salubrité publics, que peuvent attaquer les établissements d'humanité, appellent, autant sous un rapport économique, que sous le rapport politique, la surveillance active du gouvernement.

Relativement au culte catholique, par quelles mesures se marque principalement la tutelle administrative?

Par sa vaste et puissante existence, par le fait de la reconnaissance d'un souverain étranger, par ses doctrines exclusives, le culte catholique appelle la surveillance de l'administration, et ensuite sa protection, sa tutelle, comme culte reçu dans l'état. Culte reconnu et professé par la majorité de la nation, il appelle une grande portion de la tutelle que l'administration exerce

sur toutes les institutions religieuses. Sous
le rapport politique, toutes les mesures
sont de haute administration. D'abord le
roi seul nomme les évêques et archevêques;
et les nominations que ceux-ci font des
curés, doivent être agréées par le roi.
Quoique mandés par la cour de Rome, les
prélats ne peuvent sortir du royaume qu'a-
vec l'autorisation du roi. Aucune bulle, dé-
cret, etc., du pape, ne sont reçus, imprimés,
publiés en France, que sur l'autorisation
du roi en conseil d'état. Aucune assemblée
délibérante, concile ou synode, ne peut
se réunir, sans la permission du gouvernement. Les professeurs des séminaires sont
nommés tous, ou agréés par le roi qui
approuve les réglements intérieurs, disci-
plinaires et économiques des maisons d'é-
ducation religieuse. La protection pour le
culte catholique, est égale à celle que
doivent obtenir tous les autres cultes. Il
est à la solde de l'état. Sous le point de vue
économique, le roi autorise l'acceptation
des donations, legs, etc., au profit des

diocèses, établissements religieux, reconnus par la loi ; les immeubles, une fois en-
trés dans la propriété de ces établissements,
ne peuvent être aliénés qu'avec l'autorisation du roi. Enfin, les conseils généraux
de département sont chargés de pourvoir
aux logements des évêques et archevêques ;
et les conseils municipaux, à ceux des
curés et desservants. Quant à la gestion
des biens et revenus des paroisses, elle est
confiée aux conseils de fabrique (1).

*Quelles sont en général les mesures re-
latives aux autres cultes, et qui dérivent
de la tutelle administrative ?*

Les seuls cultes dotés par l'état, avec le
culte catholique, sont les deux commu-
nions chrétiennes sous le nom *d'église ré-
formée*, et *d'église de la communion
d'Augsbourg*. Le culte israélite, quoi que
reconnu par l'état, paye lui-même ses ministres. Aucun consistoire israélite ne peut-

(1) Voir la 1re partie, pag. 46.

être établi sans l'approbation du gouvernement ; les rabbins, que les consistoires nomment sont agréés par le roi. Quant aux deux cultes que nous avons nommés d'abord, aucune décision dogmatique ou doctrinale, ne peut devenir matière d'enseignement avant que le gouvernement en ait autorisé la publication. Les églises protestantes ne peuvent avoir aucune relation avec les puissances ou autorités étrangères. Le conseil d'état, connaît de toutes les contestations des ministres du culte. Les communes où le culte protestant est exercé, concurremment avec le culte catholique, doivent fournir le logement aux ministres et pourvoir à l'entretien des temples. Le roi enfin est appelé à donner l'autorisation pour l'acceptation des legs et donations au profit de ces trois cultes; et permettre les aliénations de leurs biens.

A quelle institution spéciale est confiée la surveillance politique et morale de l'instruction dans tout le royaume?

L'enseignement et l'éducation publique sont exclusivement réservés dans tout le royaume à l'université royale. Aucune école, aucun établissement quelconque ne peut être formé hors de l'université et sans l'autorisation de son chef. De plus, pour ouvrir un collége, une école, il faut être membre de l'université et gradué par l'une de ses facultés.

Par qui est gouvernée l'Université royale?

L'Université royale est régie et gouvernée par le grand-maître.

Par qui est-il nommé; quelles sont ses fonctions?

Le grand-maître de l'Université est nommé par le roi, (1) il est révocable: le grand-maître institue les professeurs des facultés,

(1) C'est le ministre de l'instruction publique qui remplit les fonctions de grand-maître.

13

nomme à toutes les fonctions dans les colléges, autorise les maîtres particuliers,
confère les diplômes, donne aux différentes écoles des réglements de discipline
discutés par le conseil royal de l'Université (1).

*Sous le point de vue économique, par
quelles mesures intervient la tutelle de
l'administration ?*

l'Université possède en son propre nom;
le roi autorise l'acceptation des donations et legs qui lui sont faits ; elle a ses
revenus qui se composent, soit de ses biens
propres, soit des divers droits qu'elle est
autorisée à percevoir, soit des subventions
que lui accordent les villes et les communes. Un conseiller de l'Université exerce
les fonctions de trésorier, il est spécialement chargé des recettes et des dépenses
de l'Université, il veille à ce que les recet-

(1) Voyez première partie, *des conseils académiques et des facultés; du conseil de l'instruction publique*, pag. 48 et 51.

tes faites dans tout le royaume soient fidè-
lement versées dans sa caisse, il surveille
la comptabilité des colléges royaux, il fait
son rapport au grand-maître. Tous les
agents comptables des deniers de l'Université sont justiciables de la cour des comptes ; enfin cette cour vérifie et arrête tous
les comptes de l'Université.

*Comment existe la tutelle administra-
tive sur les établissements publics d'humanité ?*

L'administration générale du royaume,
exercée sous l'autorité royale, par les préfets des départements, comprend l'inspection et l'amélioration du régime des
hôpitaux, hospices, établissements et ateliers de charité, prisons, maisons d'arrêt
et de correction. L'administration des
établissements de charité est sous la surveillance spéciale des sous-préfets, comme
celle des établissements de secours publics
est sous la surveillance immédiate de l'administration municipale.

*Comment sont administrés les hôpi-
taux, hospices, etc. ?*

Tous les hôpitaux, hospices, etc., situés
dans une même ville, dépendent d'une seule
et même administration. Cette administration est confiée à une commission gratuite
de cinq membres, nommés par le ministre
de l'intérieur dans les villes dont le roi
nomme les maires, et dans les autres par
les préfets.

*A quelles mesures de tutelle de la part
de l'administration, ont donné lieu les
biens et les revenus destinés à fournir
aux dépenses de ces maisons ?*

Les hôpitaux, et généralement tous les
établissements publics d'humanité reconnus par la loi, peuvent être propriétaires;
leur fortune se compose en grande partie
des successions qui leur adviennent. Dans
un but d'intérêt pour eux, comme par un
motif d'ordre public pour la conservation
des patrimoines dans les familles, les donations et legs qui leur sont faits doivent

être acceptés après une autorisation expresse du roi. La crainte des abus dans
la gestion a fait défendre aux commissions
d'hospices de régir elles-mêmes les biens,
sans l'autorisation du préfet, ou du ministre, ou même du roi, selon l'importance
des biens; en général ils doivent être affer-
més par adjudication publique; cependant
ce n'est qu'en vertu d'ordonnances spéciales
que peuvent être passés des baux à longues
années. C'est encore dans le but de conserver le patrimoine de ces établissements,
qu'ils sont soumis aux mêmes formalités
que les communes, lorsqu'ils veulent acqué-
rir, aliéner, échanger, contracter, s'enga-
ger, ester en jugement, transiger, emprunter, et arrêter des travaux autres
que ceux d'entretien. Enfin les budgets
des divers établissements régis par une
même commission, et qui excèdent
100,000 francs, doivent être soumis à
l'approbation du ministre de l'intérieur.

*

Qui est-ce qui est spécialement chargé de la comptabilité?

La comptabilité est spécialement remise aux mains d'un receveur nommé par le ministre de l'intérieur. Il est tenu, sous sa responsabilité personnelle, de faire toutes les diligences nécessaires pour le recouvrement des revenus de l'établissement, de veiller à la conservation des domaines, droits, priviléges, hypothèques, etc. Il fournit un cautionnement. Ses comptes de caisse peuvent être vérifiés par la commission, lorsqu'elle le juge à propos, et doivent l'être au moins deux fois l'an par le préfet, qui en transmet un avis au ministre. Le receveur caissier ne peut rien payer sans mandat du membre de la commission nommé grand ordonnateur des dépenses, ou autre pièce justificative. Les comptes sont, chaque année, rendus au conseil de préfecture, et arrêtés par lui. La cour des comptes offre enfin un recours contre les arrêtés des conseils de préfecture en cette matière.

§ IV. Tutelle administrative sur les corporations.

En quoi consiste en général la tutelle administrative sur les corporations?

La loi ne reconnaît plus les vœux monastiques perpétuels, solennels. Aucune confrérie ne peut s'établir sans l'autorisation du roi. Aucune congrégation religieuse de femmes n'est autorisée, que lorsque ses statuts approuvés par l'évêque diocésain ont été vérifiés et enregistrés au conseil d'état. L'autorisation est accordée par ordonnance royale, et insérée au bulletin des lois. Pour accepter legs ou donations, les congrégations reconnues ont besoin de l'autorisation du roi. Le compte des revenus de chaque congrégation ou maison particulière, est remis chaque année au ministre compétent. Enfin, ces maisons, comme toutes les autres maisons de l'état ayant un caractère public, sont soumises à la police des maires, des préfets et officiers de justice.

Chapitre troisième.

Rapports mutuels de l'administration et des administrés, qui dérivent des intérêts d'ordre, de tranquillité, de salubrité, etc., publics, et qui constituent, à proprement parler, *la police*.

§ I. De la voirie. — Routes, roulage, messageries.

Qu'est-ce que la voirie ?

La voirie est cette portion de la police qui a pour objet l'établissement et la conservation de la voie publique. Elle doit pourvoir à ce que les communications soient promptes, faciles, libres et sûres. — Elle se distingue en grande et petite voirie.

Que comprend la grande voirie ?

La dénomination de grande voirie est réservée aujourd'hui à la police des communications d'une utilité générale, c'est-à-dire, des grandes routes, soit royales, soit départementales; sous ce rapport, la police du roulage est essentiellement liée à celle de la voirie.

Quelles sont alors les routes soumises à la grande voirie?

Puisque la grande voirie comprend les communications d'un service fréquent et général, non-seulement les grandes routes royales et départementales, mais encore les rues des grandes villes, les quais des villes sur les rivières navigables, sont soumis à la grande voirie.

Quel est donc le droit de l'administration relativement à la grande voirie?

L'administration seule peut autoriser l'ouverture de nouvelles routes, et il est statué par des réglements publics sur les plans généraux, la construction, la direction, la largeur, la reconstruction, l'entretien et le classement des grandes routes.

L'intérêt public n'impose-t-il pas quelques servitudes aux propriétaires riverains des grandes routes; quels sont leurs droits et obligations?

Les propriétaires riverains sont soumis à subir : 1° l'expropriation, sous indemnité préalable, des terrains nécessaires à la construction ou au redressement de la route ; 2° l'occupation momentanée des mêmes terrains, pour la facilité des travaux ; 3° la fouille de leurs terrains, pour l'extraction des matériaux jugés bons et utiles; 4° l'écoulement des eaux de la grande route. Mais les propriétaires doivent toujours être pleinement dédommagés de ces usurpations de propriétés commandées par l'intérêt public. — Tout particulier riverain est tenu de prendre alignement. L'alignement est donné par le préfet, d'après les plans généraux arrêtés par le roi. Il doit aussi obtenir l'autorisation du préfet, pour reconstruire ou réparer tout édifice situé sur la route soumise à la voirie. Les propriétaires riverains ne peuvent rien faire, pour détourner l'écoulement des eaux de la route, ni supprimer les fossés et puisards, creusés sur les bords.

Quelles sont les garanties ouvertes en faveur des propriétaires riverains des grandes routes, pour que leurs fonds ne soient pas occupés ou fouillés trop facilement par les entrepreneurs des travaux à faire?

D'abord, aucun lieu fermé de murs ou autre clôture équivalente, ne peut être occupé par les ouvriers, ni fouillé pour l'extraction de pierres, sables, ou graviers; les entrepreneurs ne peuvent en outre s'adresser qu'aux propriétaires, dont les terrains ont été désignés à cet effet par les devis et adjudications. Si ces premiers terrains ne sont pas suffisants, l'ingénieur doit indiquer ceux où cette servitude causera le moins de dommage. L'estimation de l'occupation du terrain, ou de l'extraction de matériaux, est faite par l'ingénieur ; si les propriétaires intéressés ne s'en rapportent pas, le conseil de préfecture ordonne une nouvelle estimation par le juge de paix, et statue définitivement sur la contestation.

Quelles sont, en général, les mesures prises par l'administration, pour la liberté et la sûreté de la voie publique?

Le préfet, et même en cas de péril imminent, le maire, peuvent ordonner la démolition des édifices et constructions qui menacent ruine sur la voie publique. Il est défendu d'élever aucune construction en saillie, ou pans de bois qui menaceraient les passants. Des réglements publics empêchent encore l'embarras des routes, soit par le dépôt de matériaux, marchandises, soit par le stationnement de voitures, et généralement tout ce qui gêne, arrête, suspend, même momentanément, le service libre et public de la route, dont tous les citoyens ont le droit égal de jouir (1).

La fatigue fréquente des routes par le service des messageries de transports de voyageurs, et par les voitures de roulage, n'a-t-elle pas déterminé, de la part de l'administration, des mesures particulières de police, relativement à ces voitures?

Oui : le gouvernement, dans l'intérêt de la conservation des routes, détermine le poids et le chargement des voitures employées au roulage, aux messageries et autres services publics ; il règle la longueur des jantes, la longueur des essieux, la forme des clous employés aux roues ;

(1) Nous avons vu presque tous les agents de l'administration, chacun dans la limite de ses attributions, appelés soit à constater, soit à réprimer les contraventions en matière de grande voirie ; le jugement définitif en appartient aux conseils de préfecture.

14.

la circulation des voitures qui ne se trouvent pas dans les termes de la loi, est prohibée, et toute voiture en contravention doit être arrêtée. Des employés particuliers de l'administration sont préposés à des ponts à bascule, et sont spécialement chargés de vérifier le poids des voitures.

N'existe-t-il pas des mesures spéciales aux messageries de transports de voyageurs, dans l'intérêt de l'ordre et de la sûreté publics ?

Oui : les voitures publiques doivent être d'une construction solide, et pourvues de tout ce qui est nécessaire à la sûreté des voyageurs. Sans préjudice de la responsabilité civile, les entrepreneurs sont poursuivis, lorsque des accidents arrivent par leur faute ou la négligence de leurs préposés. — Chaque particulier qui a l'intention d'entreprendre ou de continuer un service public de transports de voyageurs, ou même de marchandises, doit faire sa déclaration à la préfecture.

Le préfet fait visiter, vérifier les voitures et délivre, s'il y a lieu, l'autorisation nécessaire pour les mettre en circulation. Enfin, il y a des réglements relatifs au mode de conduire les voitures, soit dans l'intérêt de la sûreté des voyageurs, soit dans celui des passants et des voitures qui peuvent se rencontrer sur la route; d'autres réglements encore sont relatifs à la tenue des relais de poste, à la commodité, à la sûreté du service; c'est dans ce but même qu'a été établi le monopole de la poste. (Consult. Lois 22 et 29 août 1790, 25 mars 1817, et en dernier lieu l'ordonnance royale du 16 juillet 1828.)

Que comprend la petite voirie?

La petite voirie comprend les communications dont l'utilité est purement communale, ainsi les chemins vicinaux appelés aussi communaux, les rues des petites villes et villages, et ce qui a rapport aux habitations.

Qu'est-ce qu'un chemin vicinal?

Les chemins vicinaux sont ceux qui sont reconnus nécessaires à la communication des communes. Ils sont reconnus et arrêtés par le préfet, sur une délibération du conseil municipal.

Quid, à l'égard de la propriété même du chemin vicinal ?

Les chemins vicinaux ne sont pas la propriété de l'état, ils appartiennent aux communes chargées de les entretenir. Les arbres qui y croissent ou y sont plantés, leur appartiennent également. Ce sont les conseils de préfecture qui sont chargés de réprimer les empiétements sur la largeur des chemins vicinaux, et les envahissements qui déplaceraient leur direction et leurs limites. Quant aux questions de propriété, elles sont du ressort des tribunaux ordinaires.

Quelle est l'autorité spécialement chargée de l'entretien et de l'amélioration des chemins vicinaux ?

Comme les chemins vicinaux sont à la charge des communes et du territoire sur lesquels ils sont établis, il était naturel que l'administration municipale fût chargée de pourvoir à leur entretien, de prescrire, diriger, surveiller, faire payer les travaux.

En quoi consiste en général, à cet égard, l'autorité de l'administration municipale?

Lorsque les revenus d'une commune ne suffisent pas aux dépenses ordinaires des chemins vicinaux, il y est pourvu par des prestations en argent ou en nature, au choix des contribuables. Ce sont les conseils municipaux qui délibèrent sur cette insuffisance; c'est donc en vertu de leurs délibérations, que ces prestations peuvent être exigées. Ainsi, tout habitant, chef de famille ou d'établissement, propriétaire, régisseur, fermier ou colon partiaire, porté sur les rôles de contributions directes, peut être tenu pour chaque année, 1° à une prestation qui ne peut excéder deux journées de travail, ou leur valeur en argent, pour lui et pour chacun de ses domestiques mâles, valides et âgés de vingt ans, 2° à fournir deux journées au plus, de chaque bête de trait ou de somme en sa possession. En cas d'insuffisance de ces moyens, il peut être perçu, sur tout contribuable, jusqu'à cinq centimes additionnels au principal de ses contributions directes. Mais lorsque les conseils municipaux sont appelés à voter des centimes additionnels, ils doivent être assistés des plus imposés contribuables, en nombre égal à celui de leurs membres. Après le vote de ces centimes additionnels par les conseils municipaux, ainsi composés, l'imposition en est autorisée par le préfet, et le recouvrement en est poursuivi comme pour les contributions directes (1).

(1) Sur tout ce qui concerne les chemins vicinaux, consultez la loi du 28 juillet 1824, et l'ouvrage intitulé : *Code des chemins vicinaux ; par* JOURDAN,

Quelles sont les obligations des riverains des chemins vicinaux?

L'administration détermine la largeur que doivent avoir ces chemins, et fixe leur direction; nul ne peut donc construire ou planter sur sa propriété sans conserver cette largeur, sans respecter la direction fixée, par conséquent sans prendre l'alignement.

Que comprend cette partie de la voirie, que l'on pourrait appeler urbaine?

L'autorité municipale, chargée de faire les réglements et de prendre les mesures en matière de petite voirie, pourvoit en conséquence, à la propreté, à la salubrité, à la sûreté, à la commodité du passage dans les rues, quais, places et voies publiques; ce qui comprend le nettoiement, l'illumination, l'enlèvement des encombrements, la démolition ou la réparation

avocat à la cour royale de Paris; 2ᵉ édit., second tirage, 1829.

des édifices menaçant ruine, l'interdiction de rien exposer aux fenêtres qui puisse blesser, ou endommager les passants, ou causer des exhalaisons nuisibles.

Par quelle autorité sont jugées les contraventions en matière de petite voirie?

Par l'autorité judiciaire; c'est-à-dire, que l'autorité qui prononce est un tribunal de police, mais qui se compose différemment, suivant les lieux (Voy. code d'instruction criminelle, 137 et suivants, jusqu'à 178, et code pénal, art. 471. et 475.)

§ II. Eaux, navigation, pêche.

Sous quel rapport l'administration s'occupe-t-elle des eaux?

Indépendamment des services que peuvent rendre les eaux courantes, considérées comme voie publique, pour les communications, transports, approvision-

nements, les eaux de toute espèce utiles
et nécessaires à tous les citoyens, à tous
les pays, réclament, par la généralité
même des services qu'elles rendent, la surveillance de l'administration. Sous un
rapport d'industrie, elles offrent à tous
un genre de moteur économique, conti-
nu, naturel et puissant; c'est ainsi que
sous cet ordre se trouvent compris : les
moulins, usines, écluses, etc. et leurs dé-
pendances, en général, tous les ouvrages
d'art pour faciliter l'écoulement des eaux
et protéger les rivages; ceux qui sont destinés au passage des rivières comme bacs,
bateaux, etc. Sous le rapport de l'intérêt
de l'agriculture, les eaux offrent à chacun
un moyen d'irrigation et de fertilisation;
mais chacun doit respecter le droit de
tous, tout en usant de son droit particulier à cette chose commune. Les eaux
enfin par leur stagnation, ou par une
course trop rapide, peuvent tantôt pro-
duire des exhalaisons malfaisantes, tantôt
menacer les champs d'inondation et de

dévastation, ce qui exige la surveillance de l'administration, et son action dans l'intérêt de tous. Dernièrement enfin, elles forment l'immense réservoir qui contient une partie des animaux qui servent à la subsistance générale; de là, la pêche et les réglements spéciaux qui fixent l'étendue et le mode d'exercice du droit de chacun dans cette richesse publique. — Ce sont autant de matières qu'ont dû embrasser les réglements de police administrative; car dès qu'une chose existe à laquelle plusieurs ont un droit égal, il faut une volonté élevée au-dessus de toutes les autres, pour stipuler l'intérêt général en déterminant l'intérêt particulier, et pour arrêter les envahissements possibles, et le plus souvent inévitables, de l'intérêt privé sur les intérêts et les droits de tous.

Que fait l'administration dans cet intérêt général, et pour le faire respecter par les particuliers?

L'administration est chargée de recher-

cher et indiquer les moyens de procurer
aux eaux le cours le plus libre et le plus
avantageux, d'empêcher qu'aucune usine,
moulin, bac, bateau, etc., ne s'établissent,
sans une autorisation préalable, qui ne
sera accordée que lorsqu'il sera bien cons-
tant que les eaux ne seront pas arrêtées,
détournées, que la navigation ne sera
point entravée; et, pour les courants
d'eaux moins considérables, que l'élévation
des écluses des moulins ou usines, ne
causera point d'inondation. La demande
est adressée au préfet, et sur le rapport
du maire de la commune où ces établissements doivent être élevés, de l'ingénieur
du département, et l'avis du préfet, l'autorisation est accordée en conseil d'état.
Dans l'intérêt de l'agriculture, qui doit
être favorisée partout également, l'administration veille à ce que nul ne détourne
le cours des eaux de rivières, canaux,
ruisseaux, et n'y fasse des prises d'eau et
saignées pour l'irrigation de ses terres,
qu'après y avoir été autorisé, et sans pou-

voir excéder le niveau déterminé. Enfin, les préfets ordonnent la destruction de tout ouvrage d'art, chaussée, etc., dont l'établissement ne se trouverait pas fondé en titre, et qui seraient reconnus nuisibles, dangereux, au libre cours des eaux, à la navigation, au dessèchement, à l'irrigation des terres (1).

Du haut intérêt public attaché à la liberté et à la sûreté de la navigation, ne dérive-t-il pas quelques servitudes ou conditions, imposées aux propriétaires riverains, et à ceux qui veulent construire des ponts ?

Oui : le marchepied le long des rivières navigables ou flottables, fait partie des servitudes, établies par la loi pour l'utilité publique (2). Sur ce terrain les

(1) Voyez Cod. civ., art. 645. Voyez aussi l'ouvrage de M. De Gérando, tom. 3, pag. 68, art. 3241.

(2) Cod. civ. art. 650

propriétaires riverains ne peuvent élever aucune construction, ni planter aucun arbre qui gêne le service de la navigation ; ceux auxquels l'administration enlève pour cette cause une partie de leurs propriétés, doivent être indemnisés, comme dans tous les cas d'expropriation pour cause d'utilité publique. Enfin, le gouvernement seul autorise la construction des ponts, par entreprise particulière, et fixe les conditions.

De quel principe découlent les nombreux réglements de l'administration relativement aux fleuves et rivières navigables et flottables ; et spécialement au droit de pêche dans ces rivières ?

Les fleuves et rivières navigables et flottables sont domaine public (1). De là résultent la nécessité d'une concession faite

(1) Cod. civ,, 548, 714, 715. L. 22 novembre, 1er décembre 1790 , 28 septembre et 6 octobre 1791.

par l'autorité royale, pour la jouissance des eaux, et nous en avons vu des exemples; le droit de régler la manière de jouir de cette partie concédée; le droit d'y attacher des conditions, de taxer les concessions individuelles, d'exiger quelques redevances pour les jouissances qui en sont nécessairement générales et publiques, ainsi les perceptions pour droit de navigation, de stationnement dans un port; de là enfin, la propriété du droit de pêche en faveur de l'état. En effet, elle est exploitée au profit de l'état, soit par voie d'adjudication publique et aux enchères de parties déterminées de fleuves qu'on nomme cantonnements; soit par concession de licences, à prix d'argent (1).

§ III. Air; santé, salubrité publiques.

Quel est l'objet spécial de cette partie de la police que l'on nomme sanitaire?

(1) Voy. L. du 15 avril 1829.

La police sanitaire a pour objet les mesures nécessaires, pour prévenir l'invasion, ou pour arrêter les progrès des maladies pestilentielles. Elle s'exerce ordinairement sur les frontières, pour mettre obstacle aux communications dangereuses, et plus particulièrement sur les côtes; elle y donne lieu à l'établissement des lazarets, où les provenances et les voyageurs, arrivant de pays étrangers, sont soumis à des quarantaines plus ou moins longues, plus ou moins rigoureuses, selon la qualité des marchandises, et le lieu d'où les bâtiments arrivent. Enfin, elle doit prévoir les cas extraordinaires où des maladies contagieuses viendraient à se développer sur le territoire. La loi ne s'explique pas sur l'énumération des maladies pestilentielles, mais sur le principe que les marchandises comme les personnes provenant du dehors, ne peuvent être admises dans le royaume, que lorsqu'il est certain que leur introduction ne nuira, en aucune manière, au bien être général et à la santé publique;

le roi détermine par des ordonnances, les pays dont les provenances doivent être temporairement ou habituellement soumises au régime sanitaire ; les mesures à observer sur les côtes, dans les ports, rades et lazarets ; les mesures extraordinaires que la crainte ou l'invasion d'une maladie pestilentielle rend nécessaires, sur les frontières ou dans l'intérieur. Il règle les attributions, la composition et le ressort des autorités et administrations, chargées de l'exécution de ces mesures.

L'établissement de manufactures ou ateliers dangereux, insalubres ou incommodes, n'appelle-t-il pas la surveillance active de l'administration ?

Dans cette matière, la loi éclairée par les travaux et les expériences des savants, a cherché à poser, dans l'intérêt de l'industrie, comme dans l'intérêt public, des limites qui tracent aux manufacturiers, le cercle dans lequel ils peuvent exercer et développer librement et sûrement leur industrie, mais qui garantissent les voisins de tout danger soit pour leurs personnes , soit pour les produits de leurs propriétés. Toutefois, ces fabriques ou établissements d'industrie, en général , n'étant pas tous d'une nature également dangereuse, nuisible ou incommode, leur éloignement des endroits habités, est calculé sur le degré de leur danger , et varie suivant la classe dans laquelle les a placés la loi.

Quelle est la classification faite par la loi , de ces établissements insalubres, dangereux , etc. ?

Ces établissements sont divisés en trois classes. La première comprend ceux qui doivent absolument être isolés ; la seconde ceux dont l'éloignement des habitations n'est pas rigoureusement nécessaire , mais dont il importe néanmoins de ne permettre la formation qu'après s'être assuré que les opérations qu'on y pratique seront exécutées de manière à ne pas nuire aux propriétaires du voisinage; et sous la troisième classe se rangent ceux qui peuvent rester auprès des habitations, mais qui doivent demeurer soumis à la surveillance de la police (1): dans tous les cas la police doit toujours connaître la nature des établissements qui veulent se former; seule elle peut par conséquent délivrer l'autorisation préalable et nécessaire; enfin elle les surveille toujours afin qu'ils ne s'écartent point de leur destination primitive et restent fidèles aux conditions imposées à leur existence.

Par qui et comment sont délivrées ces autorisations?

L'autorisation de l'établissement de manufactures insalubres de première classe, est accordée par le conseil d'état; l'autorisation pour l'établissement de celles qui se trouvent comprises dans la deuxième classe, l'est par le préfet, sur l'avis du sous-pré-

(1) La nomenclature de ces établissements peut se trouver dans l'ordonnance royale du 14 janvier 1815.

fet, sauf recours au conseil d'état. Enfin l'établissement des manufactures compri-ses dans la troisième classe, est autorisé par le sous-préfet, sur l'avis du maire, sauf recours au conseil de préfecture. Diverses formalités doivent être remplies ; elles consistent en général dans la publicité de la demande tendante à obtenir l'autorisation ; dans des informations *de commodo et incommodo*. Les tiers ont le droit de former opposition à la délivrance de l'autorisation ; ils conservent même celui du recours contre l'autorisation obtenue, devant l'autorité supérieure.

L'administration n'exerce-t-elle pas encore une surveillance dans beaucoup d'autres matières qui intéressent la vie des hommes ?

Oui : ainsi elle défend de placer les lieux destinés aux inhumations à une distance trop rapprochée des habitations. Ainsi encore, elle prend les mesures propres à prévenir les incendies et à en arrêter les effets ; dans ce but sur-tout elle peut faire des visites dans les domiciles des citoyens, pour s'assurer de la bonne construction des fours, cheminées, etc., et elle institue des compagnies de pompiers. Cette matière fait partie de l'administration municipale; mais la haute administration, dans un intérêt aussi grand que celui de la sûreté publique, fait aussi quelques réglements généraux : à elle seule appartient l'autorisation des compagnies d'assurances contre les incendies; enfin l'établissement et l'organisation des compagnies de pompiers sont approuvés par le roi. La grande influence qu'exercent sur la vie des hommes certaines industries, comme celle de guérir, de débiter des médicaments, a placé les médecins, chirurgiens, pharmaciens, sages-femmes, etc., sous la surveillance de la police ; outre les conditions qui sont imposées par la loi pour pouvoir exercer ces industries, nul ne peut débiter de médicaments secrets; nul ne peut exercer clandestinement l'art de guérir ; tous ceux qui font leur profession des industries nommées plus haut, sont inscrits sur des tableaux dressés et conservés par l'administration locale.

§ IV. Ordre public ; paix, sûreté publique

Sous ce point de vue, de quoi s'occupe la police administrative?

Elle veille au maintien de la paix publique, elle cherche à prévoir et prévenir les crimes et délits, et à remédier aux abus possibles d'une liberté individuelle illimitée. Ici, en remplissant une de ses plus hautes et plus importantes missions, l'administration est ordinairement l'auxiliaire des tribunaux appelés à appliquer les dispositions répressives et pénales. Toutefois cette vigilance administrative semble se partager et se diriger sur deux genres de matières ; les unes se présentent essentiellement sous un point de vue d'influences morales, les autres appartiennent plus particulièrement à l'inviolabilité des propriétés et à la sûreté des personnes.

Sur quels objets principaux la vigilance administrative s'étend-elle, lorsque ses réglements prennent le caractère d'influences morales ?

Elle s'étend sur les publications par la presse, sur les représentations théâtrales, sur les lieux de sépultures, les jeux de hasard. Ainsi, pour parcourir rapidement les principales dispositions administratives relatives à ces quatre objets, nul ne peut être imprimeur, libraire ou lithographe, s'il n'est bréveté par le roi et assermenté. Les brevets sont délivrés par le ministre de l'intérieur; le serment de n'imprimer rien contre le roi, l'état, etc., est prêté devant le tribunal civil; toute imprimerie non autorisée est clandestine et doit être détruite. Le brevet peut être retiré à celui qui a été condamné par jugement comme coupable de délit par voie de publication. Rien ne peut être imprimé, vendu, sans

une déclaration préalable et le dépôt préalable du nombre d'exemplaires prescrit par
la loi, à Paris, au secrétariat du ministre
de l'intérieur, dans les départements aux
secrétariats des préfectures. Enfin, le gouvernement a le droit de fixer le nombre
des imprimeurs, tant dans la capitale que
dans les départements.

Relativement aux théâtres ; la police y
est exclusivement exercée par l'autorité
municipale, elle y maintient le bon ordre ;
un officier de police doit toujours assister
aux représentations et se tenir dans l'intérieur de la salle. L'autorité municipale
veille encore à ce qu'il ne soit représenté
aucune pièce tendant à dépraver l'esprit
public, et dont le contenu puisse servir
de prétexte à la malveillance et occasio-
ner du désordre. Aucun théâtre ne peut
être établi dans les départements sans l'autorisation des préfets, à Paris sans la permission du roi, sur le rapport qui lui est
fait par le ministre de l'intérieur.

Quant aux sépultures, des considérations morales et religieuses se réunissent pour appeler la protection et la surveillance de l'administration. Ainsi, il est défendu de refuser la sépulture dans les cimetières aux personnes décédées, quelles que soient leurs opinions religieuses. Le gouvernement fixe par des réglements spéciaux les tarifs pour les frais funéraires, dont les fabriques des églises ont le monopole.

Enfin, l'intérêt des bonnes mœurs a fait défendre les maisons publiques ouvertes pour les jeux de hasard. Une tolérance exceptionnelle est seulement admise, dans l'usage, pour la capitale et quelquefois pour les villes où se trouvent des eaux thermales. Mais ces maisons restent sous la surveillance immédiate de la police, et les officiers chargés de cette partie du service, peuvent y entrer en tout temps.

A quels objets principaux se rapportent les mesures de police administrative en ce qui concerne la sûreté des personnes et des propriétés?

Ces mesures de police administrative se rapportent principalement au recensement de la population, aux lieux publics, aux passeports, aux ports d'armes, à la police rurale.

A quoi tend le recensement de la population?

Le recensement de la population est l'opération préliminaire à laquelle se rattache tout l'exercice de la police administrative. Outre que c'est un moyen de reconnaître les gens sans domicile et sans aveu, le recensement sert de base à un grand nombre d'opérations d'intérêt général; par exemple : la répartition des impôts, la fixation du contingent d'hommes dans chaque département, dans chaque canton. C'est l'autorité municipale dans les villes et dans les campagnes qui est chargée de constater l'état de la population et de le vérifier chaque année.

Quelles sont en général les mesures de police administrative relatives aux lieux publics?

A l'égard des lieux où tout le monde est admis indistinctement, tels que cafés, cabarets, boutiques, etc., les officiers de police peuvent toujours y entrer, soit pour prendre connaissance des désordres ou contraventions aux réglements, soit pour vérifier les poids et mesures, le titre des matières d'or et d'argent, la salubrité des comestibles, liquides et médicaments. Quant aux hôtels garnis, auberges, et logements occupés journellement et tour-à-tour par des personnes qui n'y font qu'un séjour momentané, les registres que les maîtres de ces maisons sont assujettis à tenir, et que les officiers de police visitent régulièrement, et la déclaration qu'ils sont tenus de faire, dans les villes, de l'intention où ils sont d'exercer cette profession, sont les principales dispositions qui concernent cette espèce de lieux publics.

Dans quel but sont exigés les passe-ports?

Tout individu qui voyage dans le royaume, qui y entre ou qui en sort, doit, pour la garantie de la société, pouvoir justifier qui il est ; de là, les passeports, et les conditions prescrites pour en assurer l'authenticité. Ce sont des actes de reconnaissance qui attestent la qualité de la personne qui s'en trouve munie, et certifient implicitement qu'au moment où elle a quitté le lieu de sa résidence, elle n'avait commis aucun crime, ne s'était rendue coupable d'aucun délit, par conséquent que son voyage n'est pas la fuite d'un malhonnête homme. Les maires sont chargés de délivrer les passeports pour l'intérieur du royaume, et tiennent un registre exact de tous ceux qu'ils délivrent. Les préfets, sur l'avis motivé des maires, délivrent ceux pour voyager à l'étranger, et adressent au ministre des affaires étrangères un état circonstancié de tous ceux qui lui ont été demandés et qu'il a donnés. Toutefois les fonctionnaires chargés de la délivrance des passeports, n'en doivent donner qu'aux citoyens qu'ils connaissent particulièrement, ou sur l'attestation de deux citoyens.

Pourquoi exige-t-on des ports d'armes de la part de ceux qui paraissent armés sur la voie publique?

La sûreté et la paix publiques exigent que des armes ne puissent être portées en public que par des personnes capables d'en user avec sagacité et sans imprudence ; que des malfaiteurs ne puissent pas garantir et assurer leurs coupables projets, en portant des armes qu'ils pourraient dérober facilement à la vue publique, mais que la surveillance administrative peut découvrir ; de là, la nécessité imposée des ports d'armes à quiconque veut marcher armé. Ils ne peuvent être délivrés qu'à des personnes connues et honnêtes. Néanmoins les voyageurs peuvent porter les armes nécessaires à leur défense personnelle, le passeport qui leur est délivré garantit assez leur qualité. Remarquons enfin que le port d'armes est différent du permis de chasse ; l'un est relatif à la sûreté des personnes, l'autre aux droits de propriété ; et si l'on ne peut chasser sans port d'armes, réciproquement il est juste de dire que, même muni d'un port d'armes, on ne peut chasser sans permis de chasse.

De quoi s'occupe en général la police rurale ?

La police rurale veille à la conservation des fruits de la terre ; elle est spécialement sous la juridiction des juges de paix et des autorités municipales, sous la surveillance des gardes-champêtres et de la gendarmerie. Les réglements publics et locaux déterminent la manière de jouir des droits de parcours et vaine pâture, lorsqu'il n'existe pas de titre particulier ou de mode anciennement établi. Enfin l'administration, dans l'intérêt des campagnes, encourage par des primes et récompenses, la destruction des bêtes fauves, et ordonne, sous certaines peines, celle des insectes nuisibles aux récoltes.

FIN.

TABLE

DES MATIÈRES.

DEUXIÈME PARTIE.